# 小鎮專門店

跟著旗山的27道職人風景
來一趟台灣古早味的紙上行旅

台青蕉 著

蔡政諭｜繪

# 目錄

推薦序——劉克襄

# 【繼續在家園翱翔】

我對旗山的好奇，應該從旗尾線消失開始。那是九〇年代初，因為鐵道之故，數次走訪了失去運輸機能的老車站。

每次抵達，都會走到中山路底，觀看這間混雜著和風歐式的典雅建築。荒廢了，一度遭到火吻的木構站體，再也等不到火車前來。一邊凝望時，腦海難免有些過往的畫面。有條鐵道蜿蜒蜒蜒，順著高屏溪右岸南伸到九曲堂。然後好幾位旗山的藝文好友諸如林清玄、林崇漢等，年輕時搭乘火車遠行。還有一簍簍香蕉，運到高雄碼頭的盛世風景。

好像每次都是這樣感懷，接著再去探看不遠的石柱拱廊，吃一碗當歸鴨。酒足飯飽後，滿足地沿著老街走逛，準備散步到枝仔冰城或常美冰店。而中途那些廟寺和商家，久而久之便分外清楚，旗山的街坊悄然成為南部最熟悉的小鎮。

初時走訪，兩街風景確實有著香蕉沒落了，生意似乎停滯，跟其他城鎮一樣蕭條的況味。直到這個年代，從店家門面和招牌的琳瑯繽紛，喜悅地看到，也嗅聞著一股努力再創生的氛圍。我不禁大膽揣測，以香蕉為主體的產業應該正在回來的路上。也就在這個時候，我遇見了台青蕉。在這波浪潮上，這支年輕團隊像支活潑的陣頭，勇敢又理直氣壯的出巡了。

但它不是我想要推介的青年返鄉，這樣的案例台灣各地有太多精彩故事。台青蕉的迷人之處，不只整合既有的藝文和產業資源，展現地方創生複合式的再造魅力。更可貴的是從少年時代的養成，承傳自父執輩對地方環境的護守和認知，繼續摸索著小鎮生活永續價值的過程。

諸多媒體在介紹他們時，喜愛描述這個群組是蕉農、演唱團、老街商家，也是社區志工、環保人士，同時又具有地方文史工作者等多重身分。是的，他們最精彩的部分，正是如此多樣的打拚，但這回他們更以文字書寫者的簡單身分，豐厚地展現地方田野調查的功力，以及對一所老鎮百業待興的信念。

各行各業的職人百工，或傳統商家，或文創志業，整本書裡的小鎮，努力地包羅萬象。精彩的圖文內容，展現了這個團隊的在地熱情，還有一種對城鎮多樣規劃的視野，成熟地自書本躍出。

四十年前，一條旗尾線的結束，彷彿要讓旗山放棄香蕉產業。那是像斷了線的風箏，不知會飄往哪裡的失落。但這本書似乎是個宣揚，斷了線，仍然繼續挺在空中，也知道要往哪個方向飛去。

自序——王繼維

# 【為熟悉又陌生的生活感動，與地方一起種下青春】

做為旗山小鎮攝影棚的一員，我們每天看到的是這些辛勤扮演好自己角色的產業，付出大半輩子的心力，帶著不同的經濟與社會樣貌，走過一甲子時光。

每個產業有自己獨特的人生，他們努力經營並建立品牌與獨特文化的故事，不僅成為小鎮的重要角色，更演出地方的韻律動態。旗山不只有香蕉，還有因為香蕉而打開共識的傳統產業，這些產業豐富了旗山人有別於他處的人生，這就是屬於小鎮獨特的氣息。每天經過的店、每天走過的巷口路邊，對地方來說是再平常而不過，但隨著現代世界的大量製造，每天都變得更單調一些，這些地方產業因為承襲不同生活的樣貌而變得珍貴。習慣了連鎖與大量複製的服務，反而讓在地服務變得更有人味。

做為創生地方的一員，我們認為「文化」、「觀光」與「藝術」是地方面對全球化翻轉，並建立對等關係的解藥。每當我們更認真一點的認識故鄉，就會再一次備受感動。循著這些軌跡和線索，探索小鎮的路徑，也探尋了自己的人生。

一群將地方做為品牌經營的作者，希望藉由這本書，帶著將小鎮生活當作趣味的專門店為您服務，期待大家跟著我們一起，輕輕留下鞋印，尋找現在生活的另類選擇，啟動生活的文字和旋律。或許你也會和我們一樣，每每走過都備受感動，一起加入這些產業的生命旅途。

小鎮專門店

第壹店

# 走訪冰果室，品嘗農村社交

炎炎夏日的台灣，走入「冰店」或「冰果室」早已是百年來不退流行的潮流。從旗山開始電力的供應，製冰的工作就從未中斷過，而這種消費冰品點心的享受，是工作打拚之餘的最佳調劑，這些炙手可熱的冰店，還有幾間屹立不搖，靜靜的等著後人光顧，體驗農村小鎮的冰食潮流！

## 【冰果室是各行各業社交的縮影】

全台灣最愛吃冰的小鎮，要說旗山可不為過。

這個兼具城區與農村的小鎮，幾乎每個庄頭都有冰店和冰果室，在五十年前數量逼近三十間，目前開店超過一甲子的冰果室尚存六間，呈現出各庄頭的生活樣貌及客群，就像當年來糖廠工作的糖工，一定會吃上「清雅冰果室」的幾口冰品，調劑一下工作的辛勞；旗美高中七〇年代畢業的學子，都一定去過「雪峰冰果室」約會和吃冰；旗山蕉農的換工，必點的是旗山粉圓工廠一桶一桶的粉圓冰品；五保地區回家的路隊，也一定會有零用錢去「常美冰店」點一碗冰清涼消暑；在旗山北勢中午休息的大卡車司機，也必點「永芳冰果室」透清涼的四果冰；還有溪洲庄頭做工務農與學生族群最愛的「榮美冰店」等。在這些空間中都能見到各行各業的身影，屬於交陪的社交場合和喘息空間。在手搖飲、咖啡店尚未出現時，冰店就代表了地方情感交融的濃度。

冰店可是台灣小鎮的農村沙龍。

旗山製冰廠。

## 【旗尾糖鐵車站轉角的清雅冰果室】

旗山糖廠位於旗尾地區，一九〇九年高砂製糖旗尾製糖所設立，就像是近代的科學園區，工廠吸引了非常大量的蔗工前來發展，也因此帶動旗尾地區的熱鬧繁榮。早年的旗尾車站，在旗尾糖廠的東側，與中興街連接，清雅冰果室就位於車站出站口與旗屏路的交叉口。

「在道路沒有拓寬連接高速公路以前，從旗尾火車站出來，除了我們冰店，還有靜樂和海宮茶室，以及華宮旅社。」清雅張老闆，仔細的介紹旗尾車站附近的景象，宛如穿過時光隧道重回當年糖廠的榮景。

提起清雅的客群，就是糖廠的蔗工及搬石頭移工，由張老闆母親林窓創立，約從一九四〇年開始營運，父親張伸馬在糖廠擔任煤炭火車司機，礙於同事的情誼，不少糖廠的工人沒吃公司員工冰，就會前來店內消費，以吃冰聊天的方法，去除上班的工作壓力。

清雅冰果室已經經營了一甲子。

清雅冰果室的特色，早期店內都是使用旗山產的蔗糖製冰，後來糖廠停產才改為其他糖品製作。店內除了香蕉清冰，和以酸梅冰為基底，加上木瓜籤、葡萄乾、獨家蜜鳳梨再搭配楊桃乾的四果冰外，也有多種口味的冰棒，像是桂圓米糕、紅豆牛奶，芋頭、鳳梨、酸梅冰棒等都是當年店內招牌的口味。

張老闆說，「那時學製作冰品，就是二萬元學到會，請師傅來教一個月，除了教學，還有設備的購買和施工。」以當年的物價，一棟透天街屋店面就要二萬元，學做冰根本是天價。

店面雖然曾休息一段時間，如今以一個休息站的概念重新出發，下了交流道往旗尾的方向，右手邊看到的店面就是清雅冰果室，或許是前往糖廠吃冰的另類選擇，感受蔗工享受的口味，一旁就是旗尾火車站的舊址，也可走訪舊車頭來場思古散步，或走訪糖業發展的旗尾老街。

## 【結合傳統與創新的常美冰店】

創辦人郭李常美女士，先生是旗山知名冰店「枝仔冰城」創辦人鄭城同母異父的兄弟，一九四五年開設雜貨店，在旗山五保橋頭文中路旁，這裡是當年旗山與內門的交通要道。一開始兼賣糖果、餅乾零嘴與涼水，後來則專做冰品，取名為常美冰店。附近老店家鄰居都說，店內的人客，除了放學回家的學子會進門光顧，也有不少從內門、台南山區來五保交易的農民、販仔在此歇腳，每到需要添購農具、風鼓機、水缸、農具五金等用品的季節，就會有不少人到此吃冰，對於長途跋涉的販仔、農民來說，是一個歇腳的好去處。

開店超過一甲子的常美冰店。

常美的招牌莫過於香蕉清冰，是台灣最傳統的氣味，此外傳承自日本昭和時代的製冰技術，店內冰棒以傳統的鋁製模具製作，如今已換成白鐵模具。除了傳統冰品，後來阿嬤也開始研究冰淇淋，還進口義大利的冰淇淋機器自製研發，巧妙結合了懷舊和現代的冰品。

## 【蓋在大溝上的朝林冰室】

一半蓋在大溝上方的小店，可以說是旗山獨樹一格的街屋，這就是朝林冰室的建築寫照。約一九四〇年，劉朝林老先生以台灣土楊桃熬製楊桃湯，挑著扁擔在旗山街區販賣，是朝林的創始樣貌。

後來因為太平商場興建，在現址溝邊上建起木板橋、雨淋板木屋，以楊桃湯為主打，創立朝林冰室。說到彼時楊桃湯販賣的盛況，住在太平商場的婆婆媽媽經常都要幫忙代工削大量楊桃，一邊削一邊聞楊桃湯的香氣，口水只能不斷吞入喉嚨，當時的香氣、勞力是街區對朝林冰室的記憶。

當年冰室對面就是旗山戲院，看戲人潮都會搭配朝林的點心、水果，包括水果切盤、楊桃湯、綠豆湯和杏仁凍，後來老闆突發奇想，自製杏仁凍加入飲品銷售，效

朝林冰室與旗山大溝頂。朝林冰室提供。

果出奇的好，也造就今天旗山人到店都必點一杯「杏仁楊桃露」，成為道地美食的佳話。此外店內熬煮的古早味紅茶，也堪稱地方人喜歡的氣味。

## 【高中生與蔗工各自的人生回憶】

鄭育榮是雪峰冰果室的第三代，阿公鄭石龍是創店老闆，在旗尾老街興中路和延平路的熱鬧地段買地蓋屋，開設雜貨店經營民生用品的小生意，後來兼做冰品和加工，除了銷售到糖廠給蔗工的涼品外，也兼做地方民生和學校生意，尤其在一九六七年後，旗山中學遷校旗尾，改名旗美高中，店的位置就是旗尾公車站牌所在，於是成為從高屏地區來的高中生放學後，坐公車回家前，必去的約會談心地點。

清雅冰果室，因為有自己的製冰機械，除了店面小賣冰品和隔壁兼營雜貨店外，還承接辦桌冰品的批發生意。「小時候機器在做冰，因為機器設備比較陽春，容易讓冷媒阿摩尼亞外洩，半夜聞到很臭的味道就要快跑出屋子，避免中毒。」鄭老闆打趣的說，這是當年他童年的趣味記憶，讓我們對於過往的製冰生活充滿想像。

提起當年店內的招牌，鄭老闆說店內的紅四果冰，又稱「新娘冰」，是內門的刀子師出高級菜餚，辦桌必點的冰品甜點，以蜜餞、楊桃、李子、大豆、木瓜籤組合任意四種配料，加入紅色染劑，呈現淡淡紅色酸酸甜甜的冰品，在婚宴現場色澤喜氣又美味。

手切冰除了獨特的口感還有自己切的趣味。

店內因為生產香蕉清冰，會將綠豆湯、紅茶搭配清冰增加甜品的口感，這個習慣後來成為旗山老街銷售「香蕉紅茶冰」的特色。值得一提的是，老闆說店內的「月見冰」是日治時代留下的飲食習慣，把生蛋黃打入香蕉冰中，並加入紅豆和煉乳，是台灣承襲日式料理的冰品代表。店內的經營，到了冬天還兼賣關東煮，於是旗美高中同學經常揪團來店，吃冰喝冷飲配關東煮，這種冷熱雙拼的景象，是冬季最特別的畫面。

## 【停電也能剉的冰！卡滋卡滋手切冰】

藏身於旗山市場內的「手切冰」是旗山人最愛的一味。在沒有剉冰機的年代，以一把冰刀將大冰塊剉成碎冰，加入黑糖水、粉條來享用，是多麼令人著迷的點心。手切冰鄭阿姨分享，「我的手切冰從一碗二角開始，到民國六〇年代的一碗二元，一年要換一支冰刀」，可想而知當時生意的盛況

舀起冰內的粉條，鄭阿姨突然說，「我的父親當年是粉條、粉圓工廠老闆，那時粉圓工廠開在遠東旅社對面，大量批發粉圓，全都是農村地區訂購的清涼飲品，準備給前來協助農忙的朋友。」在那個還沒有利樂包、瓶裝飲料

的年代，農村勞力辛苦，不少地主叫一桶一桶的冰，外送到各庄頭的農舍犒賞大家。當中粉條、粉圓、紅豆、花生湯的美味，就是街坊的佳話。

如今鄭阿姨在大菜市場有一個手切冰的攤位，不論是吃了五十幾年的老客人，還是腳踏車隊的年輕人，都喜歡走進菜市場，品嘗手切冰的人情好滋味。

## 【旗山冰果室的今天】

旗山因為具有農業城區發展的特色，產生了不少老冰店，由於農業型態的改變、糖廠不再製糖、農村人口外移、學校改派校車接送、卡車貨運司機變少等，目前正在慢慢消失，除了後代接手行銷和推廣的少數冰店外，許多傳統店面因為開在較偏遠的庄頭，都逐漸消失。

湯家粉圓工廠，變成在旗山市場的手切冰，永芳冰果室已經歇業，溪洲榮美冰店則是將機器盤給元復雜貨店繼續營業，此外還有更多散落老庄頭的冰店早已不再營業。日頭一樣炙熱，冰品冷飲需求依然旺盛，要找尋懷舊的氣味與當年的氣息，就只能從旗山現在還存在的老冰店，來體驗走過產業發展的冰品特色了。

### 在鄉村的打招呼方式

「吃飽未！」關切鄉村地區的親朋好友，會在問候中帶入用餐與否，因為在過去物資缺乏的年代，用餐是每天最重要的事情。時代轉變，現在在鄉村想和地方的人來場社交的走訪，見面喊出「汝好！」好像更加貼近距離。社交狀況的轉變，大家認定現在的你過得好與不好，比有沒有飯吃來得更加重要，從生活的基本到生活的品質，這些語詞的轉換，正記錄著農村社交的日常，下次你來鄉村走訪，或許可以搭著這不同的詞語，重新認識正在改變的鄉村生活。

小鎮專門店 第貳店

# 又老又美更年輕，時裝是台灣產業轉型的方程式

在那個農業與工業轉換的年代，鄉村的女性意識，逐漸在一些新興產業像是美髮、時裝、護理等工作，跟著女人自我價值提高抬頭，這是時代給美瑩時裝的禮物。一九五〇至七〇年是時裝從業的高峰，在高峰過後，時裝業還正在轉型和閃耀的舞動著，就是因為台灣產業和這些當年入行的老職人，還在為台灣產業轉型，拚命轉動他們手上的針車。

## 【有著不一樣黃昏的時裝店】

「你如果學徒待不住，回來我買牛給你牽。」父親激勵的話仍記憶猶新，四十八年次的金美阿姨是內門溝坪人，兒時開始拜師學做洋裁，一轉眼，已經是高達五十年資歷的洋裁師傅。

一進入工作室，金美阿姨正在幫

店內角落有許多高級布料是現代時裝店的必備。

忙實踐服裝系的學生製作畢製的「特殊衣物」。「這材質很硬，很難車縫耶，阿姨你可以幫忙嗎？」、「我的手工沒辦法做這衣服，要拜託阿姨您了」，不少學生在現場和金美阿姨討論。美瑩時裝店裡的風景與其他的時裝店不一樣，店內經常擠滿學生和老闆討論，怎樣才能完成有朝一日往世界時裝業邁進的巨作。

金美阿姨興致非常高昂，「他們設計能力真的很強耶！」邊做邊誇讚著設計時裝的同學們。

對一個時裝老師傅來說，就算做了五十年洋裁，還是要繼續進步和學習，面對設計學生拿來的奇妙材質，及一張張天馬行空的時裝設計圖，都是阿姨進步的動力。她總是不斷與同學討論，研究用怎樣的技術來完成特殊材質、造型的接合與創新，讓畢業製作的作品圓滿完成。在這裡我們似乎看見了台灣老產業轉變文創的進行式，設計新穎的學生和基本工扎實且求變的技術師傅，完成了跨世代的合作。

## 【永遠不能退流行的時裝功夫】

做時裝這項工作，絕對不能夠停，隨著每一年的樣式不一樣、流行不一樣，甚至布料推陳出新的速度極快，如果一停下來就跟不上了，所以每一年都要做，還要進步，每天都在磨練。「今天做好衣服，晚上就在想明天的衣服要怎麼做。」金美阿姨說，每一件的衣服製程都不太一樣，因此每件衣服都是一個新的思維，要想怎樣製作才會好，時裝的研究經常是需要構思的。

有些時候客人拿蠶絲來請老闆做，老闆形容蠶絲就是悽慘的「慘絲」，原因是蠶絲比較薄且柔軟，不好處理，除了熨燙時要蓋塊布防止損壞絲品，車縫還要選用很小號的機針，並調整縫紉線的拉力，怕拉力太大蠶絲會出現皺褶影響美觀。無論是遇上這種薄透的絲料，還是厚重的特殊布料，對一個洋裁女裝師傅而言，都要一針一線的處理，考驗師傅的耐心和技術。

## 【不想要做剃頭婆和放牛村姑的洋裁師傅】

在金美阿姨生長的年代，衣服「買便」的少，大部分都要請人做衣服，所以時裝店的生意不錯，尤其是洋裁師傅，做這些衣服可是走在社會的前面。國小畢業後，父親跟她說：「家內的經濟能力不夠，家中姊妹多，你是老大，我只能給你念國中，國中畢業也只能讓你待工廠，看你要去工廠還是做衣服、學剃頭、電頭髮。」說來好笑，由於當年社會都叫女性理髮師「剃頭婆仔」，年輕的金美阿姨覺得這是老人的稱呼，因此不願意學剃頭，而選擇裁縫一職，並在旗山南林裁縫補習班，向旗山前議員林景星女兒學洋裁、裁縫的一些初步技巧。

洋裁補習班收的費用是學費，做衣服的布料必須額外購買，但對金美阿姨的家庭而言，布料實在太昂貴，家中付不起每次衣服試做的布料費用，因此金美阿姨的媽媽跑過內門、旗山一個一個庄頭，找親戚朋友、街坊鄰居，替女兒籌一些碎布學做洋裁。

通常都是和對方交換，他們提供布料給金美阿姨學習，學習的成品就送給提供布料的朋友，藉此來練功，所以一個學徒成為師傅的技術提升過程，金美阿姨的鄰居、朋友是最清楚不過了。

「好笑的是，如果真的沒有布料能用，人家那個過世蓋頭的白布仔，也是可以拿來做練習。」阿姨笑談著。當年許多做衣服的布料，也會撿一些辦喪事的白布，再進行加工，因為怕別人笑，這些白布多半是做成內衣。

學師的過程，除了一家家上門拜訪，詢問別人家中有無布料，做完還要一家家送，如此學習的路子辛苦卻踏實，也因為這樣，累積了人脈和好的姻緣，同時對於沒有打版經驗的她，因為有眾多實戰練習提升技術，從不同人的反應檢討吸收經驗，也因此功力大增。

飛車牌熨斗是時裝師傅喜歡的品牌之一。

十坪不到的大小就是金美阿姨每天工作的場域。

## 【請來八位師傅做衣服】

她在六〇年代左右回來旗山開店，位置在旗山國泰大樓後面的社區。原本獨自開業，因為當時社會流行訂做衣物，加上香蕉產業外銷長紅，使得旗山地區經濟提升。金美阿姨結婚後，就開始擴大經營，最多曾請了八位師傅做時裝，儼然是一個小型工廠。

雖然師傅多，但是客製化的衣服，還是會因為各個師傅的手路而不同，一旦客人發現手藝不如從前，或者不喜歡其他師傅的手藝，就會逐漸流失。這些狀況，都是金美阿姨解散其他師傅後，慢慢回流的客戶告訴她的。有了這樣的經驗，後續在維持店務上，她又開始重新建構自己和客人互動的良好默契，一直維持到今天。

做時裝這一行，通常都是依靠「人客報人客」的推廣方式。阿姨說：「宣傳最重要的是客人，她穿了你的衣服出去，朋友親戚都會問：『這麼漂亮的衣服哪裡買的啊！』有許多客人就是這樣累積起來的。」做衣服的人都會注意人家的穿著，愛美的人也會特別注意別人的穿著，因此就可以把同好的衣服經驗吸收起來，談起這些，不是很大的商業行銷模式，卻是時裝業最實際的產業行銷方式。

做時尚是一門終身的學問。

早年，客人都是拿著衣服圖片要求照著做，後來手機方便，客人喜歡一些名設計師、名牌的款式，但又不想花大把鈔票，都會拍照給師傅來做一套，現在則是最常用Line通訊軟體，在專櫃拍照後，或看到連續劇的主角或者裡面的角色穿著，傳回來要師傅幫忙做。

在阿姨的店內除了女裝的旗袍、洋裝、裙子、百褶裙、大衣、短裙等，也有少部分客人來做男裝的長褲、西裝、短褲，甚至還有專為小朋友、身體太重的、駝背的阿公阿嬤設計的衣服等，非常多元，有別於一般的女裝店。

## 【做時裝是一輩子的學問】

製作衣服面對的年齡層非常廣，幾乎可以說從搖籃到墳墓都有。曾經做過嬰兒的衣物，也做送客人最後一程的衣服。金美阿姨說，有些客人會先做好往生要穿的衣服，不想穿傳統的壽衣，希望最後可以美美的離開，因此時裝業還是要滿足不同的需求進行設計，讓客人不只在活的時候滿意，死去的時候也可以漂亮的離開。「做客人最後一件衣服，心情都有點心酸，因為是最後一件了。」那種感覺就像要和老客戶、老朋友說再見一樣，非常不捨，但還是要努力完成。

在過去旗山的有錢客人中，滿多女性雖然嫁到都市，但還是會回來旗山訂做時裝，這種長期信任的關係、洋裁師和客戶的互動很有趣。阿姨說，客人嫁到哪裡，信任的情誼不會改變，這樣的關係讓她體認到，雖然旗山鄉下地方人口沒那麼多，但和客戶連結，建立人與人的關係，還是會綿密的替你找到客戶。

有錢的客人會拿名牌的款式請師傅做；比較「散赤」的客人，便會買路邊攤，久久來做一件衣服；小康家庭，會利用兒子結婚、生日等可以慶祝的時候來做一件衣服。像是一般青少年，因為身材都差不多，沒有因為年歲漸長而身材走樣，加上經濟狀況還沒有獨立，都是買市面上的成衣，反而中年的女性，由於年齡的關係身材改變，穿上輕便的成衣，就會覺得很隨便，但又有漂亮的需求，在經濟狀況允許下，就會來到美瑩時裝來做衣服。

金美阿姨坦言，雖然市場不是特別大，但抓住客人的需求，讓客人看到時裝師傅的價值，在便宜成衣的潮流下，抓住客人的消費層次與感受，就是在這個潮流中最好的經營策略。

## 【裁縫博大精深，誰來傳承】

阿姨也有感而發，在現在台灣的經濟環境下，培養出的學生都是設計很厲害，卻無法實際製作，像她這樣的老洋裁師正在逐漸減少和沒落，萬一台灣都只有會設計的，而沒有製作師傅，就會出現產業危機。

但現在她也只能先顧好眼前的工作，不打算牽徒弟，因為工作忙碌，製作服裝就是她最大的興趣。回頭看自己的衣服，會覺得年輕時候做的東西沒有現在漂亮。「這個工作會隨著年齡不斷進步，因此每年都覺得自己一直還在提升，自己的功夫越老越好。」這樣的想法也讓她不覺得自己老，而是熱愛這一份工作。每天都有做不完的衣服，是金美阿姨最幸福的生活。

### 訂做一件你專屬的洋裝

女性朋友要找老師傅訂製一件洋裝其實不難。首先可以參考時裝雜誌、網美名模等穿著，來找尋你的靈感。然後到各地的布店挑選幾款喜愛的布料，先告訴布料店大概要製作什麼樣的衣物，布店可以幫忙一起評估。買好布料後，再親自到時裝店由老師傅根據你的需求，進行設計與量身。再來就交給師傅打版、剪裁、車縫、整燙，約一個禮拜不等的時間，再前往取貨，這樣就可以獲得一件合身，不會和別人撞衫又獨一無二的洋裝。

小鎮專門店 第參店

# 小鎮的紡織產業鏈，多種賣布方法大公開

一九六〇年代的台灣素有紡織王國的美名，利用美援來發展地方紡織產業，賺進大把大把的鈔票，也在台北、彰化與台南各地，成立紡織公司產出布料，並搭配成衣加工，送至世界各地。曾經平均每年創匯約一百億美元的紡織工業，在民國八十年前也帶動旗山小鎮內，許多時裝、衣著產業的蓬勃發展。許多洋裁、西裝師傅的手藝，需要布店的專業分工，布料生意多半由比較有資本的人經營，裁縫則是以技術為主的個體勞力。整體在小鎮內形成一個帶狀的產業結構，可以想像紡織業曾經的蓬勃發展。

## 【旗山最老的布店】

源昌布行成立於旗山太平商場，是最早來到大溝頂的店家之一。老闆張文賢說，他是第二代，他的父親張老先生也是賣布的商人。日治時代的

台灣布料來源，不少是從中國上海、日本進口，用船隻載至基隆及高雄港，再送到台北迪化街「公設永樂町食料品小賣市場」或是台南市本通（今民權路一帶）、高雄鹽埕區新樂街零售。

二戰日本戰敗後，台灣經濟不景氣通貨膨脹，張家本來經營漁產生意，後來發現買布囤貨可以保值，才轉為經營賣布生意，就這樣一南一北到布商行口批發布料，再賣到旗山市場附近的店，進行零售。文賢伯自高雄雄工畢業後，承接父親的基業，於民國四十四年，在旗山太平商場重新開業，經營源昌布行。

源昌布行是大溝頂老街中少有的兩開間店鋪。

除了源昌，旗山另一間仁春布行，約莫也成立於日本昭和年間，在一九三五年新竹大地震後，老闆賴桑決定來南部投靠親戚，親戚在屏東開設布莊，阿祖又給了一筆資金當作基礎，後來輾轉向一位福州人買下現在的老街洋牌樓，親戚提供貨源，才在旗山開設了仁春布行。

## 【源昌布行打定點戰的產業行動】

民國四十年左右，是最多人到布行買布的高峰。文賢伯打趣說：「當時布料可是相當的貴，以價錢來看，賣掉一呎布就可以到茶室酒家點五六個小姐的台，換算成現今價錢的話差不多是近千元左右」，所以大多會來買布的人都是家境較為富裕的人，沒有錢財也要有「布財」。

剛開始，太平商場還沒有許多服飾進駐，但後來源昌布行開業後，帶動相關產業，剪布做衣服的風氣逐漸抬頭，後來福利布莊、歐景德布莊紛紛進入，也開始有一些針車店、女裝店搭配出現，引領旗山的時裝風潮。文賢伯說以前女孩子不再升學後，便會去學習做女裝和裁縫，光太平商場內早期就有都麗美女裝店、阿燕時裝、白蘭女裝、美美女裝、欣欣服飾等，這些店的客戶都到布莊挑選布料，再來到女裝店量身訂做。早年媽媽要做衣服時都會順便帶女兒來，有時要一次到位就會做很多套，從百褶裙、短裙、旗袍到洋裝，身上變化多端的行頭都是靠布店的材料和師傅的巧手。遇到結婚前的採買，布店生意更好，結婚要用的十二禮，新娘必訂十二套的衣服帶到夫家去，做越多套衣服代表嫁女兒越有面子，此時的布店都洋溢著幸福的滋味，阿賢伯就像是自己嫁女兒一般，和老婆一起幫客人介紹適合新娘的花色。

連製作公司制服和濾豆漿的店家都會到仁春布行購買布料。

仁春布行坐落於旗山老街的洋牌樓。

## 【仁春布行的賣布游擊戰】

誰說開店就要等客人上門？有別於源昌的異業結合，仁春布行早年經營，則是看準旗山周遭許多小庄頭、鄰近鄉鎮交通不便，但民眾仍然有布料的需求。像是甲仙、美濃、溪洲、溝坪、圓潭、杉林、吉洋、土庫等地，農業的發展讓這些地方的經濟大有進展，農村人因為農忙無法來鎮上購買布匹，賴桑都會騎著富士霸王腳踏車，載著布匹，在星期二或星期四到各個鄉鎮、庄頭的市場附近銷售。太太在店內接洽客戶，店外先生兜售搭配，讓許多農村的人，習慣固定會有賣布販仔來的消費模式，也吸引一些想要更多樣式的客戶，在腳踏車上買不到的，選擇到店消費。

除此之外，現任仁春布行老闆賴桑說，當年一開始是找做衣服的師傅協助客人訂做衣服，後來因為這些師傅多半是在家工作的SOHO族，客戶時常找不到師傅的工作地方，會造成交貨延誤影響客戶，店內只好增加寄放衣物的取貨窗口，或由老闆娘直接協助客人製作時裝，讓布店和時裝店合二為一，增加服務客戶的管道。

健二布店位於旗山公有市場二樓。

## 【老闆娘是選布模特兒】

以前人除了買做一般的衣服用的棉質布外，較為有錢的人會剪裁皮料和厚料絨布去做大衣或洋裝，特殊場合才會買昂貴的絲絨做旗袍。用絲絨做旗袍時必須要用專門熨絲絨的熨斗來燙，否則容易「倒毛」，倒毛就是讓布看起來沒有光澤，成品的美觀就會受到影響。

仁春賴老闆說，五〇年代經濟發展，旗山的布莊開得非常多，新源昌、富美、溪洲、健二等十幾家競爭激烈，所以每個店都有生存的經營模式。店家如果希望推廣不同款式、不同材質的新布料，會有一些共通的推廣方式。「布行的老闆娘，就是客戶選布最好的模特兒。」因此每日都會讓老闆娘換上自家產出的特殊布料衣物，讓客人「觀瞻」，問起老闆會不會擔心客人上下其手，他們都很有信心保證店內從未出現相關問題。創造賣布業績的小細節，布店老闆都流行一句：「嫁入布店的女性，在店內的穿著真的不能馬虎。」

## 【布行沒落之後】

一九九〇年，台灣從紡織王國到市場逐漸被中國與東南亞的廉價勞工取代，客製化時裝業也慢慢轉向成衣銷售的市場。目前在旗山小鎮內的布店，都面臨營業銷路不足的經濟窘境，仁春布行因為有時裝製作，並搭配布料的批發，多角化經營；源昌布行因為許多實踐大學的同學，購買布料製作作品，本來暫可維生，但因為大溝頂迫遷而停止營運。其他像是健二布行、新源昌布行則鮮少有客人上門，面臨結束營業的危機，地方消失的產業鏈，似乎無法讓這樣的傳統產業注入新血持續營運。

念頭一轉，我們從成衣年代走向文創世代，最近的市場又開始追求個人獨特的流行元素，也可能是青年返鄉的重要鏈結，老街成為文創開創節點的需求逐漸升溫，卻傳來高雄市政府準備強拆商場的消息。而文賢伯堅定笑著說：「這是我創業的店，我會堅持到我無法開店為止。」邊露出彷彿日本職人的堅持面容。

### 來找台灣的布店聚落

想找到喜歡的布料，台灣不少大城市，至今還有幾個產業聚落存在，也是購物多樣挑選的最佳地點。在高雄的鹽埕埔與大港埔地區、台南的西門大菜市、台中火車站老城區、台北的永樂市場一帶，都還有不少布店可以大選特選。當中選布可以從「花色的優劣」、「材質的觸感和是否上漿」、「磅數厚薄」、「適用紡織品的內裡還是外皮」等項目來進行挑選，不少日本、台灣布料顏色比較飽和，色度會優於其他國家的布料，而材質的硬挺與否一定要確認是否有上糊漿，通常有漿的布料洗過就會恢復柔軟；也有一些布料本身較難處理，像是絲質的、絲絨等，在購買時就要先問清楚用途，才不會陷入買了卻不能用的窘境。

小鎮專門店 第肆店

# 從打鐵老店永豐看農具專門店演變

當器具隨著人類演變而產生變化和流通，文明就隱藏在其中。旗山是個農村地區，但又長期兼具交通、商業、開墾的功能，在幾波經濟的洗禮下，出現不少屬於地方產業的演進。打鐵這個產業在老職人和使用人的共同努力下，農具的型態不斷變動，永豐鐵店的故事，或許會讓我們更加清楚農器演進的樣貌。

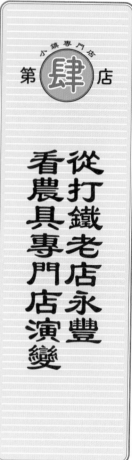

## 【澎湖移民學打鐵跨海討生活】

永豐打鐵店的歷史最早要追溯至吳帝尊老先生的年輕時期。吳帝尊十四歲時，和舅舅從澎湖白沙鄉來到台灣里港學習打鐵、製作牛車、製作木桶三種技術。根據傳人吳三貴師傅口述，這三樣要在同一個師門下學習，因為打鐵需要學木工製作刀柄刀鞘，而牛車需要用薄鐵包車輪，木桶

專注是吳三貴師傅鍛造鐵器的不二法門。

需用鐵線包木桶，因此三個產業相互串連，都需要相當程度的勞力製作，而不同產業的銷售淡旺季差異，恰好可以填補空檔。

問到當時學習打鐵的狀況，擔任學徒需三年四個月，到了最後四個月才有足夠讓店賺錢的產能。擔任打鐵學徒，吃飯時一定要等師父先開動，徒弟才可以開動，在每日打鐵工作告一段落後，徒弟還得用打鐵餘火燒一桶溫水給師父洗臉，這些都是學習打鐵的禮數。學成後，吳帝尊就落腳在屏東里港，開設店鋪並取名「豐永」，開始打鐵工作。由於他鍛造鋤頭的技術高明，農具使用起來輕便且利手，在屏北地區逐漸打響名號，講到鋤頭、香蕉刀的買賣，就有「北屏東豐永，南屏東永和」的稱號。

## 【手工香蕉刀製造不易】

在民國五十年左右，也就是台灣香蕉經濟搭上快速列車起飛的時期，豐永打鐵店達到事業巔峰。屏東是主要的香蕉產區，長期負責香蕉外銷日本的青果合作社主席吳振瑞是店內常客。「豐永的香蕉刀磨得薄如白紙，還可將刀身彎至四十五度，放開後刀身像彈簧一樣立即彈回，不會壞掉。」吳三貴師傅說，賣給吳振瑞的香蕉刀沒有斷過，都是用到磨短了才換下一把刀，因為店內的品質穩定，深受蕉農的喜愛。

香蕉刀切菜、割香蕉要像劃空氣般輕鬆，需有良好的夾鋼技術和磨製鋒利的手法，但磨製非常不易，主因就是刀身的寬度比手指小，在師傅磨刀的同時，手指也在金剛砂上面磨蹭，不到一個小時，皮就磨破出血。磨刀的工作非常艱苦，磨到只要有師傅聽到要磨香蕉刀，就沒有人願意留下來工作，最後實在沒辦法才決定不再製造香蕉刀。那時剛好屏東的雙中、三中、壺中三家打鐵店，在歸來訓練榮民之家的老榮民磨刀，榮民因人數眾多可以分批磨刀，手也不會因每天磨而受傷，豐永香蕉刀的市場和優良名號，才讓給其他鐵店。

## 【騎著野狼跑蕉埔場】

在香蕉產業的蓬勃發展下，雖然豐永打鐵店生意很好，但樹大分枝，兒子吳三貴覺得不能只待在屏東，應該對外拓展市場。當年豐永店內也有不少從旗山來購買農具的客人，因此他自告奮勇，跨越荖濃溪到香蕉火紅產區的旗山發展，和太太兩人在旗山創業，在旗山的店名要傳承老店，但要有不同的經營，便把老店名字顛倒，取名為「永豐」。

吳三貴默默出來打拚，里港的客戶全不知道他到旗山開打鐵店，因此第一個月的營業額相當不堪，連本帶利只有一千元。這樣刻苦的生活持續幾個月，直到某一天，遇見一位從小就見他在里港賣農具的溪洲人，兩人一拍即合，馬上提供在地人的思維。建議吳三貴印名片，單日到溪洲青果社的蕉埔場，雙日到旗山附近的蕉埔場讓人試用農具，並整理每個蕉埔場的地點確切位置給他。

有了在地人的幫助，吳三貴當時想，去一趟蕉埔場也要油錢，只給名片似乎划不來，因此將自己打造的農具庫存都綁上野狼機車，第一天從鳳山寺的蕉埔場到溪洲大廟旁小路進去的蕉埔場，居然只跑了兩個地方，整台車農具就被掃得精光，後來趕緊再挖出庫存，又跑了圓潭與六張犁兩個地方。兩日才跑了四個蕉埔場，五百張名片以及一個月的鐵器庫存量統統賣完，從此奠定了永豐打鐵店在旗山開業的基礎，是神奇又特殊的創業經歷。

## 【聆聽蕉農的需求打造新農具】

五〇年代香蕉產業在南台灣如日中天，當中不少農具的產生都出自吳家。香蕉種植假莖要斬斷成堆肥，讓蕉園管理更為順暢，從一般使用的柴刀開始構思，後來變成斬刀再結合鋤頭的特性，開發了大家口中的特殊工具「鋤頭

在火爐前用無煙煤以高溫千度來鍛造。

聆聽農戶心聲打造順手的工具。

琳瑯滿目的鐵器製品是永豐鐵店的特色。

挨」；原本蕉農都使用「土鏟」來挖香蕉吸芽，但因為鏟子經常斷裂、切入口過大，才讓永豐逐漸改良成現在蕉農口中的「香蕉挖仔」。這些演變當中，農民都會主動告訴鐵店他的農事和工具的配合狀況，再由打鐵師依照農民的需求，改變工具的形體、施力方式和材質，不斷試用和調整，最後取得工具使用效能。

售後服務會讓老鐵店和客人譜出新的戀情。

農具越精緻，工具的分工就更加細膩。香蕉外銷日本的需求大，普遍農民面臨果把大小不一的問題，農民認為整串香蕉可以部分採收，其他則可以繼續留在樹上生長，好控制銷售品項的大小，因此要求吳三貴著手研發工具。吳師傅精算外銷香蕉的果把角度，研發出半月型的「香蕉銼刀」，從此便能在不傷到其他香蕉情況下先採收長大的香蕉，轟動旗山蕉農界。「香蕉銼刀發明後，訂單不斷，從每天早上做到半夜，就是要趕給人家。」靠香蕉銼刀的研發，成就香蕉產業的外銷品質，也讓旗山香蕉產業的演變與永豐打鐵的變化緊緊扣連，這也讓永豐在旗山奠定基礎，為人津津樂道。

## 【不做批發，珍惜老店的信用】

吳三貴認為永豐的鋤頭雖然比外面貴個幾百塊，但鋤頭品質卻是外面鋤頭不能相比的。來買農具的農夫都說，使用永豐鋤頭，農事遠遠超過一般大賣場鋤頭的效率，鋤頭刀刃的角度、材質和重量都非常省力，「少了一百克重量好像沒有什麼，但當你同一個動作做了一千次，就節省了一百公斤的力氣。」所以長時間使用農具的累積，需要更就手的工具，這也是打鐵店至今仍受到農民歡迎的原因。吳師傅說機械開模打出來的，速度雖然快且價錢便宜，但許多細節、角度、重量都還是需要手工的打磨，這是機械所無法替代的專業。

「早期外地有家製作牛犁的店家，會來永豐店面買鋤頭，看店的庫存多少就買多少，然後到別的地方以多五十塊錢賣出賺取價差，當下還標榜永豐打鐵店製的鋤頭。」吳師傅說，後來有客人反映，為什麼在美濃買的鋤頭有些好用有些不好用，才知道原來批貨的店家在他的鋤頭中混進其他人的鋤頭，打壞店的市場品質。因此店內就拒絕批發，原因除了拒絕盜用品牌打壞聲譽外，也希望農民直接到打鐵店向打鐵師傅購買，讓打鐵師傅知道農民使用農具的狀況與問題，因此「直接服務」一直都是永豐打鐵店重要的經營方式。

## 【傳承打鐵功夫是最快樂的】

永豐打鐵店現在將打鐵工廠移至旗尾玫瑰花園汽車旅館附近，並將打鐵技術傳承給第三代兒子吳志強。吳志強也算是返鄉青年，從屏東科技大學食營系畢業後，就跟在父親身旁學習打鐵，如今已經是第五年了，目前仍在磨練打鐵細節。吳三貴表示，打鐵業不管是磨製、塑型、熱處理細節都很重要，尤其是熱處理，一個閃神鐵的溫度沒到位，整把刀就壞掉了，因此希望孩子能把細節學好。女兒開早餐店，兒子傳承打鐵，店面就在旗山南站旁，來趟早餐與旗山打鐵農具之旅，走訪永豐一探職人的魅力。

### 除了打鐵店，你還可以找到小鎮的老農機

打鐵農具屬於人力勞動的工作，但早年獸力也是農耕的重要幫手，台灣鄉村都是以水牛、黃牛來犁田，因此鄉村也有專門打製牛犁起家的店。位於旗山五保地區的「明華農機」，店裡可見電力手推車、中耕機、除草機等，看似現代的農機店，但它的前身在日治時代，可是一間牛犁店。經歷台灣的變遷，從獸力轉為機械，鄭老師傅獨自摸索，從五金中找到製作研發的靈感，發展出旗山最早一台菜剉，在過去年代從手搖到馬達，這台菜剉還曾經是結婚的嫁妝，切過無數養豬的菜葉，創造農家副業的養豬經濟。

小鎮專門店

# 第伍店　來去大和座，溪洲戲院的光景踏尋

「黑頭車仔哺哺叫，香蕉價格嚇嚇叫。」一句蕉園俗語，道盡旗山溪洲地區的特殊地位，不僅代表傳統香蕉農業庄頭，還有繁瑣的工作情結。也因為當年的經濟奇蹟，村莊內還有一個全旗山碩果僅存的戲院建築，保持著傳統和現代的平衡，也因為戲院讓庄頭有個精彩的美麗時光，每個經歷過那個年代的人都無法忘懷。

## 【戲院旁喝楊桃湯配撞球電動】

溪洲地區位於旗山市區的南端，是旗山往高雄市區第一個會遇到的大型庄頭，早年往高雄的公車都會穿越溪洲，走入中洲路在每個站牌載攬客人，但隨著人口外移、老化，公車早就改道走外環省道呼嘯而過。

小時候從學校放學走回家的路

坐落在溪洲地區的大洲戲院早年可是溪洲庄頭的鬧區。

上，從溪洲農會下車，經過溪洲當年第一熱鬧的華興街，有年代的「新高銀行」的招牌搖搖欲墜，聽說這邊還是當年酒家茶室的街區，一個轉彎，就可以發現一棟古老的戲院，裡面都是黑漆漆的不開燈，但壯觀的三拱立面牌樓，經常吸引一夥人的目光在此逗留。「走啦！去探伯那邊打電動啦！要不然一對三也可以啦！」同學催促著，我們七〇年代的溪洲囝仔，都會在戲院附近買一杯榮美冰店的楊桃湯，再去打撞球和格鬥天王，經過還有一點點熱鬧的溪洲庄內，騎著單車來回穿梭這個庄頭。

## 【大和座出自溪洲郭家的手筆】

聽戲院旁邊七十八歲的「漢處」阿伯說，戲院從他阿公時代就有了，那是連打個電話都奢侈的年代。主要就是因為溪洲盛產香蕉，農地都在沙洲平原，香蕉種起來扎實飽滿口感極佳，深受日本社會喜愛。「每次騎腳踏車走在庄內，身邊隨處是永遠無法甩開的香蕉樹，無論騎多快，總是甩不掉。」以前在溪洲走動就有這種深刻的感覺，現在香蕉產銷雖沒有以往多，但因溪洲庄頭鮮少變動，一直維持著蕉園滿布。

聽地方老人家說，在日治時代，各個村里都設有保正，相當於里長的角色，多半由地方宗長或仕紳擔任，當年日本人賦予的權力很大，甚至可以決定人的生死。郭家後代表示，五保保正郭振勝是南洲里的大地主，當年他擔任保正，認為電影可以教化人心、發展溪洲地方，率先出資興建戲院來提升地方的娛樂藝文內容。戲院的名字很日本風，叫做「大和座」，不禁令人想像，當年溪洲和日本人的友好程度，似乎不能以一般朋友來論斷。

大洲戲院的女兒牆。

戲院前方的廂房還可以嗅到當年戲院有舞群來演的味道。

三角形的玻璃窗台。

## 【台灣人設計的戲院】

日治時代，人口至少要一萬人才有辦法養起一間戲院，據《旗山郡要覽》記載，一九四五年旗山地區人口逼近三萬人，因此推測當年人口增加快速，才造就戲院的蓬勃發展，郭校長說：「當年這個大和座設計，是由郭振勝出資，二兒子郭藻梗設計興建。」郭家後代說當年郭藻梗去日本大阪工業專科學校留學，表現非常優秀，並於昭和九年（一九三四年）擔任台灣省立花蓮工業職業學校首任台灣人校長，在日治時代娶了日本太太受到重用。在地耆老郭新開校長表示，戲院的落成是在一九三五年，推測很可能溪洲地區還比旗山市區更早有戲院。

大洲戲院的設計，立面有著不同浮雕與三川女兒牆的樣式，建築風格受到折衷主義影響，模仿不同年代的建築風格再進行簡化調整，簡化的裝飾讓戲院降低建築工法的繁瑣，卻不失建築樣式的特色，一樣給人豪華的感受。

受到約一九二〇至三〇年代現代主義建築風格的影響，戲院的立面出現許多水平線，使得庄頭的想法多了一點秩序與理性；窗台結合羅馬風格與現代主義兩者的優點。在圓拱型的羅馬樣式大方向下，增加了幾何圖形的壓條，雙重結合完全無違和感。屋內使用混凝土、鋼鐵做為屋頂支撐的支架，都能看到當年郭藻梗留日後，當年設計戲院的構思表現。這樣的建築樣式，在處處是三合院的傳統庄頭中，顯得更為亮眼，隨著時代變遷，旗山各地戲院拆除殆盡，也只剩下溪洲的戲院建築，可以讓我們一飽眼福。

## 【半開放的蕉農招待所】

「什麼？沒有廣告宣傳？」翻了一下戰後《聯合報》、《民眾日報》的廣告，發現大洲戲院的經營和其他戲院很不一樣，報紙的登載廣告經常看到旗山戲院、仙堂戲院的名字，就是沒有大洲戲院。住在附近不少蕉農阿伯說道，當年大洲戲院的客群多半是溪洲地區的鄉親，除了戲院本身有固定的戲碼安排播出外，也會有大戶蕉農引進好看的片子回饋鄉里，以約一至兩週一場的包場放映方式，讓戲院賺點外快。

當年溪洲哈日的程度可不輸現下年輕人。據曾經在大洲戲院擔任放映師的洪新改說，如果有日本片播放，都會用轎車、腳踏車、三輪車繞庄宣傳，也會到附近的武鹿、大坑、蟧碡坑、和尚寮、半廍、十八分等地邀請鄉親前來看戲，溪洲附近的宣傳完，轎車也會前往旗山、內門宣傳。不少溪洲的老人家回憶起當年，偶爾可以聽到台語老牌歌手文夏、文香前來溪洲登台的懷念之音，但多數的老人家早已對戲院沒有太多印象，這似乎告訴我們，當年在溪洲看戲是一種享受和權力的象徵。

戲院售票口。

戲院售票口近照。

## 【去日本色彩的後戲院時代】

戲院上面大大的四個字「陳皆興題」，稍微被風化的字體效果，卻遮不住時代勢力的消長。後來日本戰敗，台灣變成中華民國的國土，在民國四十六年，陳皆興擔任高雄縣長，希望大和座戲院能夠因應地方特色，並且去日本化，便親自題字改名為「大洲戲院」，沿用至今。戲院是在電視機普及後開始走下坡，在六〇年代溪洲地區就開始有大量人口外移到高雄加工出口區工作，包場制時有時無，戲院經營不太穩定，加上包場時經常是地方親戚相互招待，礙於人情很難收取費用，而流於免費，最終被各廟口播放的流水電影取代。據附近街坊表示，大洲戲院在民國七十一年前後停止營運，而那個在戲院看戲和在酒家跳舞的年代，就此凍結。

現在走訪大洲戲院，只剩下裡頭農業資材的堆放與中間隔間的高牆，戲院內被迫分成兩半，深處的戲台早已經因為高雄市水利局溝渠拓寬，徵收拆除，而票口上方的播放室，也早不存在，唯一能感受到當年戲院的氛圍，就是前方的售票口與美麗的山牆立面，靜靜躺在庄頭，等待曾經見過它風華與地方美麗的人們，再次回到身邊。

## 溪洲庄頭

位於旗山南端的溪洲庄頭，是一個純樸且富香蕉文化老厝的村落，世俗一句話：「台灣香蕉旗山好，旗山香蕉溪洲庄」，道出溪洲的重要地位。在這個就算常來旗山都會被忽略的區域，其實背負著旗山八十%的香蕉產量，溪洲庄頭內，除了旗山僅存的戲院建築，尚有陳家氣勢磅礴的三落百二門老宅、葉家洋牌樓、柯家洋牌樓。庄頭南北地區在來台開墾的特殊信仰董公廟與清領時代的鯤洲宮王爺廟的加持，呈現不同的民俗文化與氣息，騎進巷弄與小徑，經常看到三合院與香蕉園交錯的景觀，順著中洲路的軸線，就可以完成庄頭的踏尋。

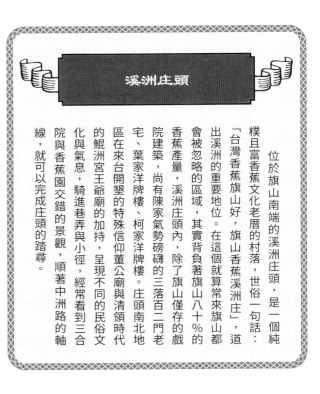

第陸店

# 用手作皮箱 拎起一生的幸福

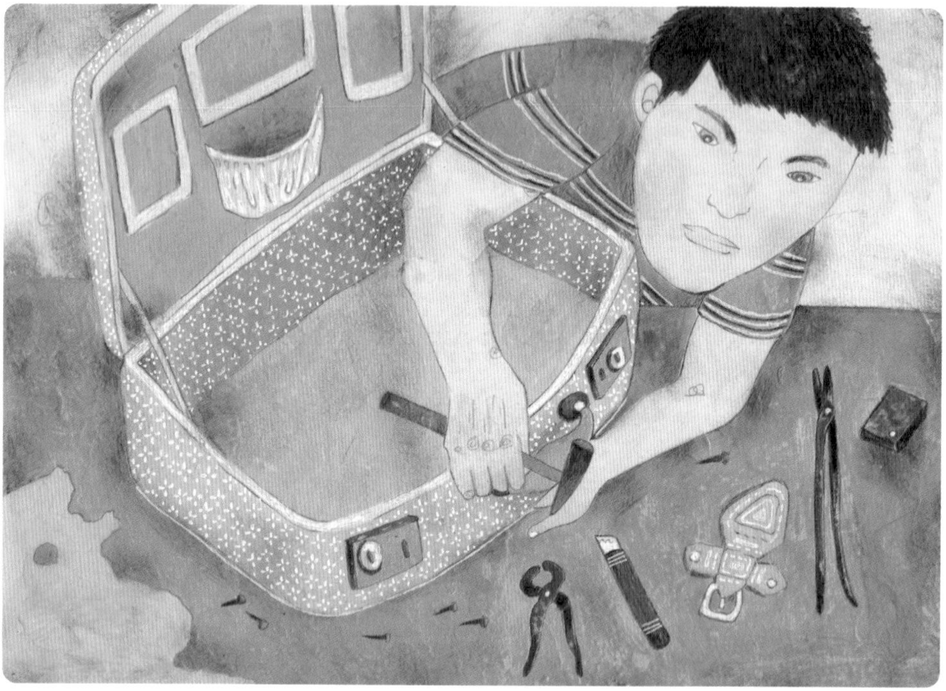

憶起一九六四年的旗山小鎮，仙堂戲院裡電影正熱烈上映，來看戲的民眾盛裝打扮，紛紛從旗山老街經大溝頂到仙堂戲院一睹今日電影。休息時一張幻燈片打在電影銀幕上，是一間清爽的皮箱店面，店內高大的木櫃共分三層，每層由底至上大小有序的皮箱陳列著，女孩的化妝箱、出外工作的手提箱、新婚雙雙對對的家用皮箱。廣播聲響起，「旗山大昌皮箱店」已經從旗山大菜市仔，搬至大溝頂十九號，請大家快去光顧，此時燈光一暗，手工皮箱的產業路程緩緩在小鎮開跑。

## 【以333文武車起家】

一九六二年，大昌皮箱店創辦人呂秋林剛當兵回到家鄉，租下旗山大菜市仔店面正式開店，白手起家的他平時不僅要製作皮箱，更要跑外地推廣自己的手作皮箱。可是對剛創業的人來說，要有交通工具才能到外地推廣，但買一台腳踏車卻比現在買汽車還困難，當時一台腳踏車大約一千五百至六百元左右，而公務員一個月大約三百元薪水，一台腳踏車等於公務人員五個月的薪水。好在呂秋林在溪洲的丈人，將過去載香蕉的二十六吋333文武車送給他，改裝後，文武車後方架上自製木板，可以載十多個皮箱到大樹、楠梓、燕巢、美濃、杉林、甲仙等地販售，每次一騎就是十幾公里，刻苦耐勞經營，他終於在兩年後買下一間屬於自己的皮箱小店鋪。

製作皮箱的功夫目前是台灣急需保存的技術。

## 【水溝上的手作皮箱店與旗山戲院】

一九六四年旗山做生意的黃金地段在中山路與華中街轉角處，在那裡買一棟房約為十五萬元，同年大昌皮箱店以十萬元買下水溝頂的第二黃金店鋪，就位於旗山太平商場中，不到十坪的大小，卻讓皮箱店在旗山奠定發展的基礎。

呂師傅為了告知熟客店鋪搬遷到大溝頂的訊息，買下仙堂及旗山兩家戲院的廣告，在看戲院播戲前，打上皮箱店的幻燈片，播放語音告知觀眾搬遷訊息，當時如果地方商業需要推廣和行銷，許多商家都會向戲院買廣告，放一兩天全旗山馬上就都知道了！

## 【帶著皮箱出走的黃金年代】

在太平商場的大昌皮箱店，生意最高峰約為一九六〇至七〇年代，這個時間點正逢台灣經濟起飛的全盛時期。當時受到西方文化影響，出外工作行走江湖少不了西裝、皮箱兩樣用品，西裝代表的是體面，而皮箱可將文件、衣物放在一起方便攜帶，所以穿西裝和配上皮箱，是年輕人的基本裝備。為因應繁忙的工作量，呂秋林更將同門的皮箱師傅從豐原、枋寮兩地請來旗山，工資依完成皮箱的大小、件數而不同，當年平均一天可領三十元左右，於是靠兩位師傅和一個學徒每日製作不同款式的皮箱，而呂秋林則騎車載貨到不同的地方送貨、接洽生意，撐起大昌皮箱行的口碑。

六〇年代的大昌皮箱店。呂秋林提供。

大昌皮箱店呂秋林夫婦。

一九七九年台灣開放國外旅遊觀光，皮箱業又開啟新的黃金時期，但到一九九〇年代尾，皮箱工廠紛紛成立，製作低成本的皮箱提供旅行社大量採購，配合來旅行就送皮箱的促銷活動，再加上要結婚的新人到化妝社，不用購買即可租借到化妝箱，導致沒人購買手工皮箱，大昌皮箱行的生意開始走下坡。

## 【尬意粗勇的小鎮人必備的皮箱】

不同年份的皮箱材質、造型、製作方式皆不同，一九六一年以前是真皮皮箱時期，大昌皮箱店會從高雄、屏東買整張牛皮，依不同的等級而有不同的處理方式與價格。第一層牛皮又稱面皮，包含表皮層與真皮層兩個部分，因纖維較多具有韌性，屬於高級牛皮。第二層牛皮又稱榔

早年皮箱裡一定會有一張照片和一面鏡子替離鄉的你打理好儀容。

皮，兩面前後毛躁，較無韌性，製作前需用燒燙的熱鐵在牛皮上移動，先處理毛躁的部分。

真皮皮箱最外層是以牛皮包覆，牛皮下有三層紙胚做為皮箱形體，紙胚下就是皮箱內層，通常是鋪上色布。開箱緣口因常開關碰撞，需用較堅硬的材質，如鐵、木頭來製作。皮箱蓋子與皮箱底層間銜接是以一針一線縫製，使皮箱開闔相當穩固、流暢。皮層的大鎖及飾品是以鐵釘扎實固定，飾品甚至還會以針線加以縫製。以上繁瑣製作過程，需十二個皮箱同時製作才有效率，因為把一個皮箱紙胚黏實後得先等紙糊乾，趁紙糊乾的時間再做其他皮箱，如此十二個皮箱製作完成約十二天，平均一天完成一個皮箱。

一九六〇至七〇年代中期流行的皮箱則將牛皮換成塑膠，塑膠下依然是由紙胚構成，皮箱開口也是以鐵或木頭製作，蓋子與底層銜接處也以手縫連接，開關皮箱的機關則改為按壓式，相當便利。

一九七〇年代後期則是製作內層木板，外層塑膠殼的皮箱，得先向工廠訂形體，再加工販出，這時皮箱因內層是木板已無法手縫製作，飾品都是打釘子固定，做皮箱的時間更加迅速，但相對的，手工的味道減少許多。

呂秋林說旗山因為多是作農人喜歡粗皮、粗勇，不喜歡輕便且較容易壞的皮箱，因此就算潮流改變，在這裡粗皮、粗勇皮箱都不會退流行，這就是庄腳人尬意的款式。

## 【女性角色的細心不可或缺】

每次進到大昌皮箱店，最開心就是看到郭阿嬤的開懷又慈祥的笑容。郭阿嬤是呂秋林的妻子，不僅要負責家庭與師父們的三餐烹煮，更擔任皮箱完成時品質的把關者。剛創業時呂秋林都在外推銷皮箱，店內師傅完成的皮箱都會交由郭阿嬤評估，認可後郭阿嬤再一針一線縫上皮箱上的皮件飾品，以及皮箱蓋子與底座的連接處，完成整體皮箱的製作。但以針線縫合底座及飾品並不容易，因為皮箱紙胚厚且硬，縫合時需一手拿尖細鑿仔，另一手拿針線，讓鑿仔在針的前方導引。郭阿嬤說，這過程稱為引線，引線時動作一定要精確，若歪了或鑿仔穿過的洞過大，整個皮箱就不好看了。由於郭阿嬤的用心，使呂先生平時能夠放心在外賣皮箱，夫妻倆成為皮箱店的完美搭配。

## 【皮箱師傅傳承的證明——職人的皮箱工具】

呂秋林國小畢業後，父親看其身材瘦小，不適合跟哥哥一樣從事土木工作，因此將他送到當時高雄三民路的中華皮件當學徒。中華皮件的師傅是溫州人，呂秋林描述，溫州人有兩個強項行業，一是做木工，二是做皮箱，台灣的皮箱技術幾乎都是向溫州人學的。

學徒經三年四個月學成後，師傅會送一套製作皮箱的工具，給予有能力自立門戶學徒鼓勵，更是皮箱技藝傳承的證明。至今大昌皮箱店的製作工具，經過六十年仍然使用中華皮件老師傅給的工具，小巧的榔頭負責固定構件、燒紅的鐵器用來處理牛皮、尖銳的鑿仔用來引線穿針，以及用香菇的木器整平皮箱等，傳承的皮箱工具能看見職人堅持的歷程，呂秋林說，自己的大兒子也要退休回鄉發展，希望能將這些技術以及工具一併傳承下去。

## 【面臨拆除的命運】

民國五十幾年的紙袋上印有歌后鄧麗君的圖像，掛在店面櫥窗持續對來聊天的街坊鄰居微笑，大溝頂將被拆除的訊息讓呂秋林無法接受，在這裡他們可以與鄰居互相照應、聊天，一旦拆除，消失的是人們的記憶以及情感的溫度，而且再過一年他的大兒子也要回鄉發展，這麼好的地方、這麼好的契機為何不再營造與推廣呢？在二〇一八年，旗山大溝頂已經全部被高雄市政府水利局，用各種牽強的理由拆除，如今大昌皮箱行已經不在旗山大溝頂街上，遷移至附近的安置屋，而這項地方特色的技能產業，是否就此埋沒在迫遷的時光中，還是在等待重新出發的一天，目前暫時沒有答案。

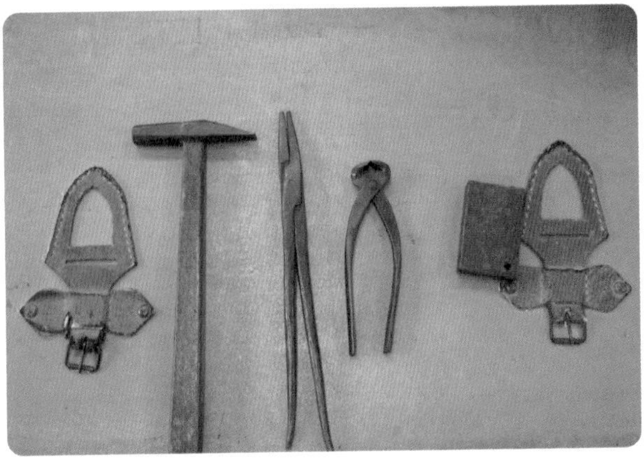
製作皮箱的家私。

### 軟性文化資產保存

你覺得文化的保存只有建築、古蹟嗎？其實法規上有越來越多種類的文化保存，而一些傳統技藝、工藝技術的保存，也是台灣對於文化保存的重要做法。像是台中大甲的獅頭製作、嘉義縣阿里山鄉鄒族家屋的搭建、高雄茄定的王船製作技術等，都具備地方軟性工藝的實力與文化底蘊。這些軟性文化的能量，對於未來台灣在文化產業上的創新，提供了許多可以延伸的題材，透過老祖先的好手藝，可以增加更多生活上的應用，有助於凸顯地方產業的特殊性。但如何界定這些軟性工藝是否具備文化價值，則是各界有待爭議的，像是皮箱製作，雖然在台灣目前沒有相關的研究與資料記錄皮箱的技術，但是目前政府仍然認定這是不需要保存的技術。

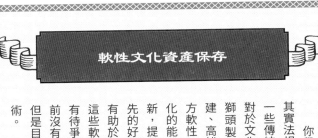

小鎮專門店 第柒店

# 米絞仔與小鎮的特別關係

現在的香蕉王國旗山，早年其實並非以香蕉種植為大宗，在日治時代，旗山以砂糖產地聞名。雖然本地沒有巨大的稻作產量，卻因為交通和治理考量，成為鄉村稻米的集散中心，也出現俗稱「米絞仔」的米店經營收購稻穀的生意與起，還有大型碾米工廠，至今仍存在於小鎮的角落。

## 【在那個米店大發的年代】

米絞仔，又稱米間、碾米廠，是以稻米加工買賣為主的商業空間，各自擁有不同經營模式。在昭和年間，旗山是高雄山與平原交界的商業中心，地區的稻米因為受到二戰軍用糧食政策影響，政府成立「米穀納入組合」進行收購，將各地米糧運到火車站後方的碾米廠統一處理，再輸出到

位於旗山五保的豐年米店。

日本地區食用。

戰後的旗山，農民多半是佃農或小農，家境普遍並不富裕，沒有能力購買種稻磨米的大型器材，在收成時扣除租稅、繳交公股和大盤收購之後，都拿著策仔（穀子）到各米絞仔碾米，因此從日治時代到戰後，小鎮上中小型的碾米廠、米店發展得非常蓬勃。

那個年代稻米的買賣，多半是地主或大戶人家，才有雄厚資本收購囤積。雖然米糧的買賣是供應民生基本的需求，但因受到戰爭影響、物價動盪，米價有時價差高達數倍，早上買進下午馬上漲價賣出，就是不少米商致富的關鍵，因此賣米的工作也被不少投資客稱作「摶米筊」。旗山曾經有不少米店存在於街坊中，新兆豐、豐年、永進號米店、新同億等店則是目前仍在賣米的少數老店，今日，米價在政府施行平準機制後，過去處處有米店、店店大賺錢的狀況就逐漸消失。米價不再浮動、加上散裝米的出現，消費習慣慢慢改變，讓不少米店因此退出舞台。

## 【地主兼營米店是常態】

旗山有著濃厚的移民文化，延續至今的米店不少都是外地人來此開墾後發展出來的，多半還兼營碾米廠的產業，移民者向地方地主承租大片的土地，再轉租給農民，並以作物做為土地租金，就可以轉而銷售賺取利潤。「阿公的時代，土地有時欠收，有一些農民交不出承租穀物，因而父親決定要開米店與碾米廠，可以承接米業工作，也可以將收到的米拿去賣，換取金錢。」旗山五保的豐年米店，就是清朝時期，吳家人從澎湖來台灣開設的。早年吳家都是讀書人，在台南華文私塾從事講課工作，日治時代受到YAMAHA功學社董事長謝敬忠的邀請，聘請吳家父親到旗山永新豐滿漢糕餅製造所擔任糕餅師傅，賺夠錢後，便在旗山購買土地落地生根。

那時台灣人口約六百萬左右，正所謂「收一年米，可以吃三年。」因此吳家決定以土地養佃農，開設碾米廠與米店，投資米加工賺取利潤。日本時代，豐年米店在圓潭的土地，大多租給平埔族耕作，當年一甲地一年要交五千斤的米給地主，換算一下日治時代的物價，一斗米要一元日幣，換成舊台幣大約四萬元，五千斤米大約有四百三十四斗

豐年米店內有一個特別的小房間，據說是當年米價高攀，為了守護米糧而設計的。

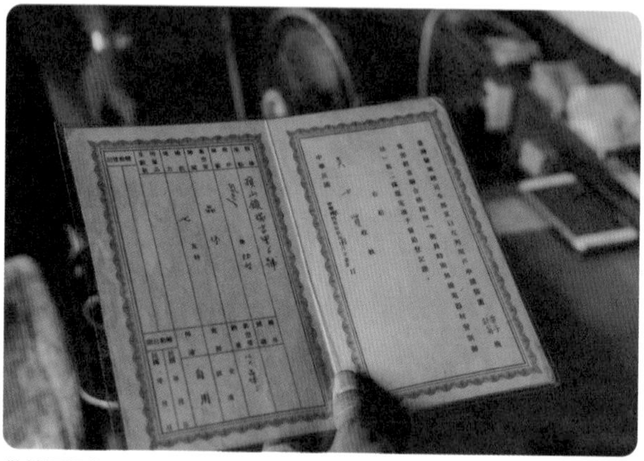

警總通過使用電子秤的證明書。

米，也就是說當年一年的租金大約就有四百三十四元日幣，折合舊台幣一千七百多萬，收入頗令人羨慕。當時反映的物價，「去一次酒家也要一斗米的錢，你要有一甲地，一年三百六十五天每天都可以去酒家。」可見當時的地主和一般農民的差別。

## 【摶米笅是米店日常】

「做米的人，講安怎就安怎！」位於旗山四保地區的新兆豐米店老闆林瑞麟，用豪邁的口氣告訴我們，米店做生意的不二法門，就是一口價，這是他和農民建立信任關係的重要態度。在旗山落地生根的林家，由於不是地主，也沒有固定的稻米來源，生意都是騎腳踏車在杉林、圓潭地區跟農民喊價收購，再把稻米帶到店內碾米後售出。

當年從橋頭林家分出來到旗山發展，從事戲稱賭博的賣米工作，雖然賺頭不小但風險也挺高。買賣經常因為契約與法律尚未普遍與完備，因而多半生意上的往來都是口頭允諾，一旦對方無法出貨給他，他就無法如期交貨給買家，就會出現周轉問題。

林瑞麟說：「早年有一回突然有可靠消息回傳，糯米會降價，蓬萊米會上漲，我馬上要求留守店員，不要買糯米，要買蓬萊米，但是店員卻把全旗山的糯米都買下，結果造成米廠巨大虧損。」回憶起摶米笅的生意，雖然大起大落，卻是米店持續經營的特殊歷程，從日治時代到戰後經歷進發米店、瑞豐行米店、同億米廠、振豐米店等，從小米店到全台收購批發的中盤米廠，從與人合夥到獨自經營，林老闆走過人情冷暖，但就如同新兆豐的店名，他用一兆的豐收來努力經營。

## 【用圳水碾米經濟實惠】

旗山的埔姜林、大林、圓潭、尾庄地區從日治時代至今，仍然是種植稻米最多的地區，像是離開市區的大林庄頭，人口不多卻有高達五間米店，可見過去稻米的產量與產業的蓬勃。位在旗山埔姜林地區的祥昌米店，已經存在超過一甲子，米店是由大地主徐家經營，米廠的創設是由美濃古姓人家興建設計，民國四十二年徐家接收米廠開始經營，除了賣米批發，店內主要工作就是服務周邊的農民碾米。徐家後代說，當年米廠因為考量碾米機器的成本，將碾米廠房設在旗山圳邊，以水車帶動碾米機的運轉，一年只需要繳給水利會幾百元，別人碾米要花電費，但祥昌米店碾米不用任何能源，碾米的價錢當然就比較便宜，也吸引不少客群來此碾米。

新兆豐老闆林瑞麟目前傳有三代經營米店。

據徐家後代說，以當年碾米的價錢來看，除了金錢交易，農村的特色是以物易物，也可以讓農民用稻子來代替碾米的費用。「碾一百斤稻穀，七十多斤的米要給米店」，戰後碾一斗米約一塊多，不少農民為了省錢都採用換米的方式，因此店內就有更多米糧可以交易和存貨。徐先生說，以前的碾米技術，雖然沒辦法像現在這麼精準，碎米比較多，也會吃到小沙子，但他覺得這才是地方的特色，值得懷念的兒時記憶。

祥昌米店的水車碾米，隨著二仁圳的開發，因為圳水溝渠下挖，只好改為用電碾米，米廠雖然在民國九十年左右終止營業，但器材保存良好，是地方稻米文化最好的見證。

## 【旗山種不種米對米店的影響】

隨著作物價格的變化與加入WTO，旗山稻米的產量急劇減少。如今小鎮碾米的工作，幾乎都交給現代科技化的米廠，位於旗尾的曾氏米廠，就是新興的中型米廠，然而根據曾老闆的記錄，產自旗山土地來碾米的數量相當少，地方稻米農業的沒落，就如同乾涸的水源頭，旗山已經極少人種米。

這些傳統的老米店在二十年前就面臨逐步轉型的十字路口，在袋裝米的市場導向中，細數這些老米店的狀況，還持續經營的幾乎都以代售米糧為主。旗山的便當店多半由新兆豐年輕一代返鄉送米打點；鄉村老一輩的人喜歡到熟悉的豐年米店和永進號買米；新同億米店做熟客生意；振豐米店退休後將米店的老屋出租，還有不少米店已經進入冬眠和改行。進入旗山的遊客，會看見在火車站後方修復完成的日式碾米廠建築，卻看不見碾米的日常，在街頭巷尾的食物中，沒有旗山種稻的任何產物，小鎮不是離開米食文化，而是已經退出競爭的市場。

土地和人的連結尚未修復，雖然糧食逐漸遠離生活，旗山的米店還不能消失。在旗山種稻的農業，或許才是支持這些米店重新拿出特色的起始，在米店買的或許不是頂級米，卻帶有地方鄉愁，可以吃到小沙子的彈牙美味，或許才是小鎮的米店被重新期待的開始。

## 小鎮的稻田何處尋

從國道十號來旗山，沿途景觀會看到不少香蕉、毛豆和絲瓜，就是沒有稻田的蹤跡，事實上旗山種稻的狀況已經不比當年。隨著香蕉外銷經濟起飛，多數地方種稻的農民，將長年含水的不透水稻田重翻土地，變成透水良好的果樹園，目前如果要在旗山看到水稻田的蹤跡，只有前往合興、圓潭、大林、尾庄一帶才可以看到。為何這些區域還有種稻？其實和旗山有十%的客家族群有關，客家人對水稻田情有獨鍾，維繫著傳統的田地，也讓旗山小鎮現在還有可以聞稻香、看稻浪的地方。

小鎮專門店 第捌店

# 釘根蕉城的寫真館，來自基督的恩典

從文藝復興到工業革命，從肖像畫到攝影機，歐洲用了將近三百年的光陰，旗山的攝影產業卻縮短了近十倍的時間。當時二十三歲的張約翰來到旗山，從一位人物畫匠到設立約翰照相館，默默在旗山陪伴小鎮發展，無數的繪畫與照片，是有喜有悲有聚有散的影像搖籃，記錄著旗山人的生活，也伴隨著近代每個旗山人的生活回憶。

## 【馬偕醫生的姪兒釘根旗山】

走入老相館一探廬山真面目，遇到現任老闆張守道，他說店的創始人張約翰是他的父親，出生於明治四十三年（一九一〇年）的台北五股坑，家裡是虔誠的基督徒，因姑姑與馬偕醫生結為連理，從小受到西方文化的影響，對畫圖很感興趣。約翰二十三歲那年，因為旗山前縣議員林添丁的介紹，到旗山發展，並安排在當年彈珠汽水（ラムネ）工廠內居住，並長期在旗山火車站旁的中央旅社亭仔腳幫人畫人像，畫半身可得十元，全身則有十五元。當年旗山車站號稱是高屏地區三大站之一，從昭和十二年（一九三七年）的《旗山郡要覽》來看，除了火車每日往來九曲堂班次外，尚有近二十條公路運輸路線連接附近屏東、楠梓、甲仙、六龜等地，人潮來往密集（甲仙小份尾是尾站有輕便車），在此從事繪畫工作，也因為商業活動興盛，人潮眾多而有一口飯吃。

除了散客的生意，因為高砂製糖旗尾製糖所的發展，附近的工商業逐漸起頭，說是彼時的科學園區一點也不為過。在糖廠工作賺到錢或者因地方發展賺到錢的人，都流行邀請畫家幫自己或家人繪製畫像，以表紀念。張守道說，當年旗山老街劉醫院的劉耀堂，或早期旗山有名的泉發糕餅店蔡老闆，也請約翰幫忙繪製畫像，看到作品後十分驚訝，怎麼畫得這麼傳神，對於這個年輕人讚賞有加，便把自己的女兒蔡護許配給他，從此張約翰成了旗山女婿，也開始旗山的釘根人生。

## 【從繪畫到攝影職人】

根據《台灣商工業案內總覽》在一九三四年記載，當年旗山唯一登記攝影寫真的日本人櫻田進之助，可能就是影響約翰改做攝影的人。櫻田進之助從日本熊本地區將照相機引進旗山，開始幫人拍照，看到這項技術的張約翰心想，繪畫的東西雖然好，但是照相機日後可能會取代繪畫成為主流，於是他開始投入攝影的研究並輾轉在現址開設旗山街的約翰寫真館。

張守道說，早年他父親自學研讀日本的攝影書籍，從旗山跑到高雄鹽埕看人拍照，甚至向日本訂書。回憶起父親的攝影道具，張守道眼睛發亮的說，他父親還買了一台木頭製的箱型攝影機，是最陽春又最有趣的機子。這台機子因為過去底片感光度不高，曝光需要比較長的時間，也尚未發展出快門這個東西，都要用手拉開鏡頭前的木板，讓光線透進來，約三到四秒鐘，等成像出現後才關起來。

約翰照相館的老相機。

【行腳鄉村和城郊拍出珍貴的照片】

日治時代，因為糖廠裡面的日本人要拍家庭照，請約翰去拍攝照片，結果拍出來的照片構圖大方、光線自然，他將以前畫人像的美學技巧融入攝影，廣受日本人的喜愛，從此旗山糖廠員工的拍照生意，都交給約翰。甚至當年，日本人流行走訪比日本富士山更高的「新高山」——玉山，也請約翰陪同，背著二十公斤的底片上山拍照，拍下珍貴的台灣畫面。

張守道從小就跟著父親約翰到處幫忙拍照，他說最忙碌的攝影季節在冬天，尤其到了農曆過年時節，旗山、內門、溪洲、美濃、杉林等地方經常趁家族團聚，邀請親朋好友來照相紀念，而他們倆則常騎著富士霸王腳踏車，上山下水，到各個地方去拍照。

而過年家裡團圓都不是在休息聚會，而是在幫忙趕工洗相片，要把相片送到團圓的家中，真是年節最甜蜜的負荷。回憶起全家一起洗照片的狀況，經常是開著水在沖，然後大家排成一排在顯影，家裡也充滿洗照片的藥水味，這個味道就是屬於張家過年的獨特記憶。

## 【情歸旗山與傳承】

張守道在民國五十一年退伍後，便專心承接家務，協助父親的業務。早年的富士霸王換成光陽90的打檔車，繼續為鄰里服務，受到父親影響也熱中攝影，常跑高雄鹽埕逛相機店，也常去高雄鹽埕埔的大舞台電影院看電影，而後認識住在鹽埕的報關大小姐莊女士並結為連理。莊女士從鹽埕大戶人家嫁來旗山，跟著老闆一起打拚，還要料理家裡十幾口人的伙食、洗衣、家務，卻一直支持張守道的興趣，與家裡攝影的工作，張守道個性外向，喜愛攝影，而太太則是內向，不愛拍照，兩人卻一拍即合，相知相守。而老闆對於攝影的堅持和喜愛也透過他的言談一一展現。

過往的底片工作台 。

照相館開設，張守道傳承約翰父親的長才，在鳳凰花開的畢業時節，常可以看到老街上一大群學生在相館前排隊的身影，更有山區的原住民朋友，穿著傳統服飾來拍照紀念。五〇年代正值旗山香蕉的黃金歲月，約翰照相館也在這個時期大紅大紫。也因為生意太好，經常需要大量接觸洗相片藥水，味道刺鼻，張守道說，父親可能就是因為洗相片的刺鼻氣味，導致經常性的氣喘，但這卻沒有影響他對攝影的熱忱。

## 【活的旗山近代史】

相館的建築是用早期的旗山亭仔腳材質，以旗尾溪石塊、土角搭建，並以黑糖、糯米、石灰充當黏著劑，材料堅固。從現在的建築外觀還可以看見一塊塊的石塊，老闆表示，一九七七年的賽洛瑪颱風，掃蕩高屏溪沿路與大高屏地區，相館的屋頂全部被吹翻，但牆壁還是完好，因怕年久建材老舊，才另外再加上一層水泥加固。雖然房子維持原樣，但在颱風侵襲下，許多珍藏的老照片也因為泡水而發霉無法使用，這是令旗山人最惋惜的事情。

全盛時期，照相館生意川流不息，約翰照相館從早期民國五〇年代照一次相要十五元，走過黑白照片時代的手沖相片，也走過彩色照片的機器沖洗。從一九八〇年開始，個人相機慢慢普及，預約照相的客人變少了，而且二〇〇〇年後數位相機大量生產，也慢慢影響到一般人想要沖洗相片的意願。經歷過這麼多時代的變遷，相館仍在原

約翰照相館招牌。

相館參與過小鎮內人生的大事。

老闆張守道 。

地為大家服務，除了傳統底片的照相服務，七十幾歲的老闆娘，還會開電腦讓你用USB傳輸數位照片資料，另外還有許多老客人，專程要給老闆拍攝留念，或前來拍攝紀念照片。

如今復古風潮漸漸有流行起來的趨勢，約翰照相館也有拍攝復古黑白照片讓客人留念的服務，在懷舊的攝影棚裡留下最美的記憶，也是一個非常享受的過程，享受這時代的變遷，還有一種可以回味的氣息。

## 台灣的老教堂

天主與基督教傳入台灣，據文獻記載，已經有近四個世紀。從最早的新港文書中，荷蘭人對平埔族傳教，教堂開始進入台灣這片土地。然而早年搭建的教堂都是臨時建材，又受到不同政權的轉移，多半無法持久保存。目前台灣僅存最早的教堂建築，就屬屏東萬巒的萬金聖母堂，另外在各地的小鎮中，也有許多美麗的老教堂。如台北淡水禮拜堂仿歌德式的建築、桃園復興、帶著古味的基國派老教堂、依山而蓋的新竹的峨嵋天主教堂、海拔最高的台中和平的梨山耶穌堂、後現代線條的雲林東勢天上母后堂、宜蘭的礁溪天主堂、中西合併風味的嘉義義竹東後教堂等，都是走訪台灣小鎮的好去處。

小鎮專門店

第玖店

# 放映一甲子！看新改伯的戲院人生

「銅鑼連打數十聲，請你親戚朋友來坐聽，今仔日在七月三十，暗時六點，在旗山大溝頂要放的電影是……」八十一歲的洪新改用顫抖的雙手，播著錄好的復古電影宣傳。當電影放映師傅超過一甲子的他，今天得知五十年前在旗山拍攝的電影《香蕉姑娘》要回到地方播放，難掩興奮的心情。在一旁的女兒，替他打點好裝扮，前往旗山大溝頂街頭，當晚架上了他使用已久的電影布幕，不僅放映起了旗山人的記憶，也讓洪新改回憶起他播放電影的美麗故事，宛如一場人生劇場。

## 【膽量是留在戲院工作的關鍵】

「爸爸是在電影院認識我媽的。」洪小姐談起了父母的相遇，臉上露出一臉滿足與驕傲的笑容。洪小姐的父親洪新改是台南善化人，小時候家境不好，十四歲國小畢業因叔伯兄在新化戲院旁的菜市場賣麵，便要他去幫忙麵攤學技術。那個時候，戲院放映師經常叫麵外送，師傅覺得洪新改做事認真，只賣麵做勞力工作太可惜，便詢問洪新改，如果想要學電影放映可以免費傳授。話說，當年電影產業還算是新興產業，而這也是十五歲的他接觸放映，開啟電影人生的鑰匙。

「電影工作首先就是要練膽量！」新改伯說，十五歲的他一開始就被安排去菜市場門口替戲院宣傳影片，當時拿著一個銅鑼「鏘鏘鏘地炒熱氣氛」，剛開始時老闆還跟在他後面，看看這個人有沒有膽量，後來他在電影播放前半小時成功讓民眾圍觀，也成為被老闆肯定入行的關鍵。回憶過去，在一九四五年戰後的台灣，電影院還沒有很好的音響設備，也沒有太多成本可以用車輛宣傳電影，多半都要先在街頭吸引客人，才能達到宣傳的效果，有時會請樂隊先來表演，製造吸引人潮的場面。如果有歌舞團來巡迴，各個戲院就會在演出前，在戲院門口前的廣場表演，爭取觀眾目光，這種街頭熱絡的景象，好不熱鬧。

少年的洪新改，經歷了台灣默片年代。在那個時代，電影是用手轉放映，放映前放映師會簡單做電影預告，介紹影片的名稱和內容，因此除了學習放映，也需要會做影片的簡介，打稿、介紹，講話要有條理，這些訓練也讓洪新改對電影內的台詞、對白印象深刻，此外，還需要學寫電影看板，早年的放映師可說是綜合型的人才，在電影文學、導讀、機械修理、字體繪畫、配音、場務、宣傳等職務都要熟悉，也讓戲院的工作一人分飾多角，這種產業萌芽的蓬勃面貌，就是記錄時代最好的回顧膠卷。

## 【見證鹽埕、哈瑪星電影放映的蓬勃時代】

洪新改入行後沒多久，就預見台灣戲院蓬勃的時代來臨。當年因為美援，鹽埕、哈瑪星附近戲院一間間開始營業。他在台南學成後，就被請到高雄服務，高雄鹽埕許多戲院都有他的身影，無論是愛河邊的大華橋戲院、已經拆除的大樹戲院、杉林戲院、仙堂戲院、港都戲院等，他都曾經服務過，當中最特別的是，某個時期港都戲院的看板都出自他的手筆。

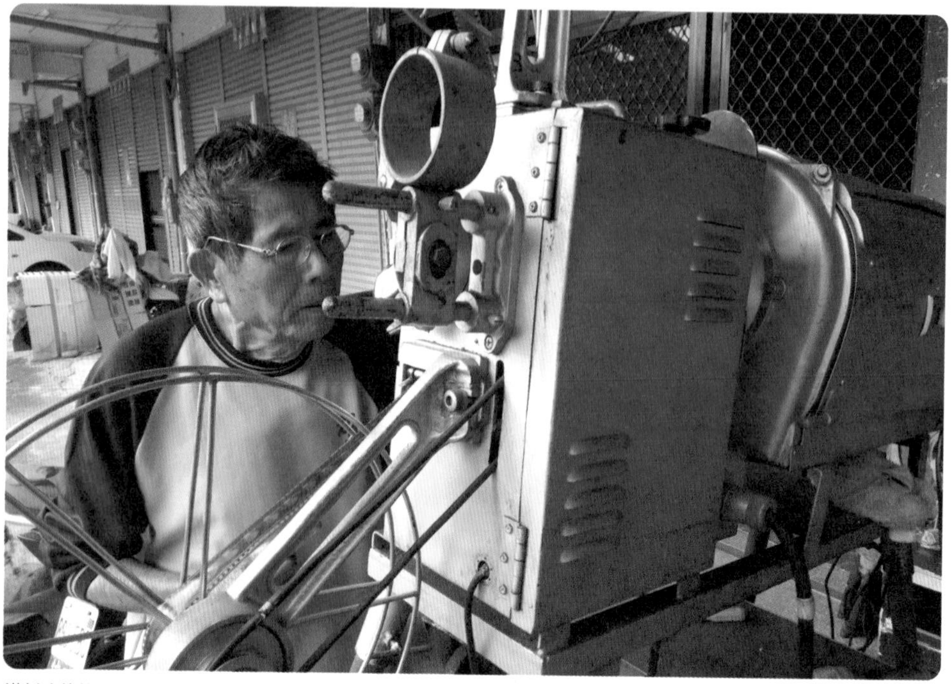

洪新改的放映人生。

「以前我去市區看電影都不用錢，光復戲院啊大舞台什麼的，鼓山啦，都是朋友」，一聽到不用花錢，我便上前詢問原因，原來在高雄鹽埕地區，繁華年代許多電影院在此設立，過去戲院師傅都相互認識，大家也會互相交流、共同求進步、相互協助，也因為這樣的從業環境，似乎對於職人的對待也會特別友善。

問到戰後電影的級數區分，他說早年和現在看電影一樣，是有分出片的層次，片子分為首輪、二輪、三輪片。首輪都是大間戲院，新片一上就播映，像是大舞台、光復戲院這種；二輪是小間戲院，像是壽星、港都、旗山戲院；三輪就是在這種鄉村所在，像是圓潭戲院、六龜光華戲院等。洪新改說：「以前如果你在報紙看到的廣告，首輪的影片比較多錢，因為首輪的影片就是還沒開始做，二輪就是人家做過的，鄉下地方都是三輪片，但曾經也有影片很熱門直接到鄉下來做的。」而一片電影的租金有幾萬塊的，也有幾千塊的，全是看檔期和電影的熱賣程度，至於片子的取得，每個禮拜有固定的，老闆都要前往台北挑片，就像一場跟著流行走，誰也不願意落後的競爭，讓全民看電影的風氣直線上升。

## 【因為《梁山伯與祝英台》牽手】

在接受電影文化的洗禮下，洪新改對於電影的熱愛成了他人生酸甜苦辣五味雜陳的菜餚，女兒洪小姐笑著說：

碳棒影機可以在瞬間的高溫讓光清楚的投射出去，是當年搶手的機種。

「我爸爸和媽媽在溪洲相遇，就是因為電影，媽媽喜歡看電影，而爸爸就是播電影的人，兩人一拍即合。」

二十七歲的洪新改，從高雄輾轉到旗山溪洲的大洲戲院擔任放映師，一個人肩負放映、宣傳電影的工作，常在溪洲大街小巷發傳單，總是會經過溪洲派出所附近。當年太太十八歲，在派出所附近的自家裁縫店學裁縫，因為喜歡看電影常出來跟他拿傳單，再主動拿給街坊協助宣傳，就這樣兩人因為電影的傳單相識、交往，相差十歲的年紀也阻止不了這場電影情緣。

在交往時候，剛好遇到台灣的大片《梁山伯與祝英台》來旗山戲院放映，因為票口和工作人員都熟識，門口的「賽桑」都讓他們免費進戲院看戲，「當年片子播了一個禮拜都場場客滿」，這部愛情古裝片，就變成他倆的定情片，「看電影牽著手，彼時都不敢亂來」，年齡的差距，讓他更覺得有責任要照顧太太一輩子，照顧家庭。

## 【從定點戰轉成游擊戰的播放生涯】

放映機是播放電影的高級設備，過去動輒三十到五十萬的價格，都是由戲院老闆購買。後來電影文化慢慢普及，活動式放映機問世，卻沒能讓職人光靠薪水支持家計，當中也道盡了台灣娛樂產業的現實。無法靠戲院的薪水支持家計的洪新改，為了維持生計養兒育女，存了一些錢，買了人生第一台日製ShinShing牌活動式放映機來賺外快。

以當年一碗牛肉麵十五元計算，一台以電燈泡播放的「自動放映機」約台幣三十萬，而「碳棒」的放映機，是用兩根碳棒通電產生高溫發光的，要價十五萬。那時的放映師就開始從定點戰轉成游擊戰，開始四處接洽播放電影的活動，從廟會、活動、晚會、校園、謝神各種大大小小的

洪新改攝於高雄大樹戲院。洪新改提供。

活動，開著貨車，載著超過一百公斤的電影放映機、音響設備、電纜線與工具服務到家，野台電影變成他放映工作的第二春。

洪新改說，早年請放映師放一齣電影大約三千元，放映師租影片約四百元，像李小龍這種熱門影片，租一片還要喊價，大約要好幾千元。新改伯說，「彼時李小龍的片子還有一些是保留片，就是不能拿去外面放的。」但因為太熱門，還是有同業拿出去播放，有時候抓到就要罰上二十萬。

## 【請好兄弟看戲】

問到洪新改當放映師有什麼有趣的地方，他說，放映師是他很喜歡的工作，因為生涯趣事一籮筐。在八〇年代，廟會晚上很流行放電影謝神與給街坊鄰居看，這也是六到八年級台灣人的共同回憶。洪新改說，早年放野台電影雖然器材很重、很辛苦，到交通不便的地方也得搬運器材，就連爬山也要搬，但所得都還不錯。有一次，台南左

鎮草山的廟宇要請電影播放，一晚播兩支影片高於行情價格三倍，但位處深山，同業的朋友都不願意接這筆生意，只有他願意去。「我曾經去過一次深山的聚落放電影，其他放映師都不要去，但放一支影片九千元耶。」他最有成就感的就是到不同的地方播電影，把最好的片子和大家分享，由於這種使命必達的個性，他經常是扛著近百公斤的器材，四處服務，當然有時路上泥濘、有時交通往返就要半天，但如此的生活他甘之如飴。

問他放電影有足夠的收入養家嗎？洪新改坦言，電影播放在鄉村只能算興趣。由於一九七〇年代電視逐漸普及，電影院都歇業或另謀出路，放映師的他還得找兼差來貼補，播放野台，由於多半在室外，一天中也只有晚上能夠放映，電影播放也不是每天都有。後來洪新改白天在工廠工作，下班晚上就放電影，他持續這樣的生活近三十年的時間，維持自己對於電影播放的夢想。

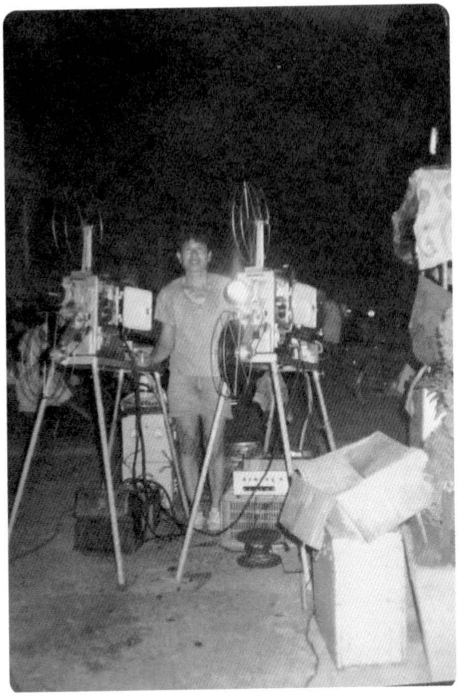

放映的場合總不缺少洪新改的身影。洪新改提供。

民國七〇至九〇年代，台灣掀起簽賭風，大家狂瘋六合彩，有許多人為了求財，拜鬼神簽賭，後來有人中獎，多數人也比照謝神禮俗的方式還願。萬應公、墳墓區、亂葬崗，有時候他會應客人要求播放「無人」電影，來酬謝鬼神的協助。六合彩、大家樂的得主，通常出手大方來放映無人影片，一次都有好幾千元的收入，而這些人通常不會出面，只是打個電話匯款給你，要你去做戲。洪新改早年去墳墓做戲的感受非常恐怖，「去那個十八彎仔，喔！那個牛若到那個地方，都會起兇，那個娘姑婆的墓仔埔，本來在做電影，都無聲無息，現在電影在墓仔埔那裡做，那個火就會像眼鏡蛇一樣，很恐怖！」

在墳墓放映，都是沒有觀眾的，面對這些好兄弟的住所，又自己一個人去，沒有嘻笑聲，取而代之的是冷風陣陣的呼嘯聲。曾經還發生過，放映結束收完器材要開車回家時，車子開到一半爬坡爬不上去，一直爬都無法上坡，他趕緊下車拜拜，說他是受人委託才來服務的，請好兄弟不要為難他，這才順利回家。有時候因為這些場合陰氣重，洪新改會叫老婆陪他一起去，才比較少發生怪事。

擦了擦珍藏的放映機鏡頭，他對電影還有非常大的熱忱。八十一歲的新改伯說：「看一部電影勝過六年的書，以前小時候沒讀書就應該看電影，看電影的孩子不會做壞事，所以做電影是社會倫理、教化！」一個旗山的長輩，堅持了一甲子，走在旗山大溝頂的戲院街上，宣傳車放送著香蕉姑娘的影片訊息，洪新改用期待的眼神，坐在露天電影座位第一排，眼神閃亮等待老電影的播出。

## 戲院內分工

台灣傳統戲院的經營，有著不同的職掌與分工，除了「放映師」以外，還有「經營人」、「辯士」、「樂師」、「票口」與「宣傳」等職位。

「經營人」負責的是整體戲院的出資與營運，挑片、選片與安排場次，控管場地的運用，有時候還會出租給其他單位來增加戲院的收入，是戲院經營的靈魂。「辯士」的角色是在早年的無聲電影時代，只有影像，得透過辯士進行影片的「轉譯與詮釋」，而這個角色多半還需要到各地警察課參加考試，最後負責這個工作的人多半也是地方仕紳，看電影會因為辯士的不同說明，因而讓觀眾產生不同的感受。「樂師」的角色則是搭配「辯士」，在不同的電影播放時，選擇搭配不同的音樂來播放，後來因為有歌舞團的演出，樂師也會轉為協助樂團搭配歌舞團的角色，協助演出音樂的表現。「宣傳」與「票口」，通常較小規模的戲院會兼任，宣傳的工作多半就是發送傳單、繪製戲院看板與開演前的吆喝，票口工作多半是兼職，不少會任用年輕女性招攬客人。由於台灣人情世故多，票口也常有放水讓親戚朋友進入戲院看戲的招待情節，是整個戲院與人互動最多的工作。

小鎮專門店

# 第拾店　溪洲廟口的醫生館洋牌樓

走入溪洲，除了將近百間磚造三合院和香蕉園交雜的場景，還有就是廟口鯤洲宮的老人家熱鬧欉仔腳乘涼的畫面，廟口對面零星幾棟洋牌樓靜靜立在中洲路邊，有一間就是當年紀榮祿的醫生館，在香蕉黃金年代，豎立起美麗的格局，從移民社會到釘根的家庭，說著庄頭過去的故事。

## 【溪洲唯一外來的醫生館】

大正年間，紀榮祿因為看不慣紀家家族發生的事情，從台南到旗山溪洲發展，由於當年的醫療工作都是以師承方式訓練，他跟著紀家的親戚醫師當學徒，熟識藥物使用與簡單手術，也會買日文醫學書籍自行研究。

戰後由於醫療制度改變，需要通過醫師檢定，否則不能掛牌行醫，紀醫師

紀家醫生館外觀。

考取檢定後，就開始在溪洲行醫。整個近萬人的庄頭卻只有三名醫師在看病，分別是下洲仔庄郭家的郭志臣醫師，以及醫生館開在旗山農會旁邊的柯水發醫師，還有就是中洲路的紀榮祿醫師；當中只有紀醫師是從外地來的，其他都是在地的家族後代。

## 【台南大戶人家到旗山】

紀榮祿醫師是台南紀家的後代，紀家在乾隆年間從泉州安溪來到台灣發展，日治時代在台南東門城附近已經是有錢的大戶人家，紀家與吳家、林家號稱是東門地區的三大產業「阿舍」（有錢人的代稱）。說到紀家的富有程度，第三代的紀先生說，爺爺紀漢卿早年開醬油店、販仔間非常富有，連當年台南救濟院的院長林叔桓，都曾寫借條來跟紀家借錢，可見紀家的聲勢。但因為後來，爺爺在昭和年間開始沉迷鴉片與酒色，將之前建立的家業、房產大把大把敗光。因為兒子在溪洲地區經營有成，整個東門的紀家就全部遷移到旗山來投靠兒子紀榮祿。過去醫學不發達，很少細目分科，醫生館裡內外科各種科別都有，受到中醫的影響，原本醫院的名字叫做「資生堂醫院」，後來因為醫院的規模有明文規定，才改成「資生堂診所」。

## 【兢兢業業的鄉村醫生】

紀醫師與家人。紀正毅提供。

「彼時當醫生都比較沒有自己的時間，飯吃到一半，患者說要急診，就要馬上去，如果你沒馬上去病人家裡看診，人家就說你嬈俳(囂張)。」這和台灣普遍流傳日治時代醫生的生活不同，鄉下醫生比大城市的醫生更辛苦，除了看診的地區廣，鄉下多半是務農的人，若看診無法及時趕到，農民間會流傳「是不是醫生看診賺夠了、老練了」等話語，因此醫師看診決不敢怠慢。聽紀榮祿的兒子說，有一次紀榮祿在家，因為朋友來聚會喝了點小酒，微醺歡笑在家談天，突然接到隔壁庄頭急診的緊急電話，患者不能來現場看診，得去他家裡，紀醫師馬上止住歡笑、醒醒酒，騎腳踏車趕去。對當時的紀醫師而言，醫生沒有放假的權利，當有人需要時，就要放下一切盡可能提供協助。

就是因為看見紀醫師這樣的為人，位於溪洲的望族柯家，就把女兒柯月嫁給他。一九二二年後，日本開始對台灣開放助產婦資格培訓，柯家因為栽培後代，將柯月送去日本早稻田大學念助產科，畢業後回到溪洲執業。在日治時代僅有三%的產婦是由醫師接生，大部分仍以產婆接生為主，因此助產士在地方上也擁有比較崇高的地位。婚後，紀家在溪洲服務的範圍非常廣，現在老一輩的溪洲人有許多都是柯月接生的，而他們結為連理的故事也成為小鎮佳話。

洋牌樓內部照。

## 【落腳溪洲的美麗洋牌樓】

紀醫師從台南來溪洲發展，隨著事業與家庭穩固，一開始只在三角窟地區經營，後向呂家租賃洋牌樓搬到中洲路看診，最後於民國四十二年，特別從岡山請來蓋巴洛克式建築的台灣師傅王萬，於溪洲的大廟鯤洲宮旁邊，仿造日式的洋牌樓，蓋出現在的紀家洋牌樓。房屋的建築構造使用檜木和RC結構，呈ㄇ字型的設計，前面是診所，中庭有花園，後面則是菸樓，反映過去建築的特殊用途。二樓地板有特殊的立體方型圖案，以及洗石子的雙氣派樓梯，都是很棒的作品。

但後人研究風水，發現這西式洋牌樓雖然格局美麗，但有些地方還是美中不足。比如說，樓梯正對門口，在風水上來說容易引煞，然而當年師傅設計以西洋樣式為主，沒有考量到這些因素。紀醫師的後代說，樓梯設計如果是左轉上樓，代表的是「躺著賺」，若是右轉上樓就是代表「有賺」，這些格局也會影響後代的生活。在諸多考量下，將蓋房子經費增加到五十萬元，才把房子格局蓋好，對照老師一個月薪水六百元來看，可說相當重視家庭機能的生活空間呢！

## 【有財斯有田的農村醫生也兼其他產業】

二戰後，紀家除了從事醫生工作，也兼職許多副業。當年因為香蕉外銷價格好，受到柯家世代蕉農影響，紀家也買地種植香蕉，此外，因為拿到菸草種植的許可證，加上農地位在旗山溪旁邊的沙洲地區，土地適合種植菸草，還蓋了一間菸樓在洋牌樓後面。當年紀家整個農地土地面積有十幾甲，菸草和香蕉是最主要的作物，有時請的長工多達十幾位。提起種植菸草，技術都是種菸草的人一起研究出來的，溪洲地區不少人種菸草，多半種在溪埔沙洲上，目前大山、上洲里的巷弄，以及鯤洲街附近都有燻煙葉的太子樓足跡。

紀醫師在五十多歲就過世，以紀家在台南多角經營的基礎，除了務農經營、當醫生看病外，還會投資像是理髮店、米店等商行，更經營過旗山的「青山車行」。後代說，米店投資看中搏米筊的風氣，米價受到戰爭、亞洲情勢的影響漲跌不小，加上可以存放，一買一賣的價差很好賺。但因為溪洲地區家庭還是務農為主，對於市場比較保守，消費也沒有這麼熱絡，後來米店、車行和理髮店才慢慢停止營運。

## 【走訪洋牌樓看小鎮發展史】

從旗山方向接溪洲的中洲路進入庄頭，醫生館是進入庄頭的第一間洋牌樓，沿路還會看到葉家洋牌樓、呂家洋牌樓和隱藏在香蕉園巷弄的柯家洋牌樓。這四棟溪洲庄頭的洋牌樓代表，記錄著溪洲四個姓氏的發展和變遷，除了走訪溪洲地區近百個三合院外，也可以探尋這些曾經發達一時的洋牌樓，呈現出現代化在農村的影響。過去醫學不發達的年代尚有醫生館，如今庄內卻連一間診所都沒有，更可以看出地方發展的困境，或許對於在地人來說，外出打拚比經營故鄉更加容易。

## 洋牌樓的踏查

所謂台灣式洋牌樓的建築樣式，是指具備本土與西式建築結合的綜合體，無論是直接受到荷蘭或英國影響的洋樓，還是一九〇〇年前後受到日本殖民影響，經過都市計畫所產生的街區洋牌樓，以及戰後嚮往日治年代所產生的復刻版建築，都可以稱作台灣洋牌樓。

洋牌樓除了是各種建築樣式的綜合體，有希臘柱飾、維多利亞尖塔、羅馬圓拱型、軍艦帽法式屋頂、英國紅磚砌、女兒牆等的變體，也融合了台式的四住三間、姓氏堂號、騎樓樣式與馬背等樣式，可以說在建築文化上獨樹一格。

台灣每個小城鎮，早年多半是地方仕紳、地主、阿舍的家業象徵。洋牌樓密集的街道，也多半和日本政府進行現代都市計畫建設有關，而不少洋牌樓的後方，藏著尚未被都市計畫劃入的地方巷弄，讓台灣的小鎮空間有了更特別的紋理。

小鎮專門店

# 第拾壹店　分秒不差，喚人把握光陰的鐘錶職人

日治時代，販售鐘錶的「時計店」，多半還是販售高貴且奢侈的商品，一百多年的時間過去，旗山的老鐘錶店有些還存在著，眼鏡、鐘錶雜處的經營內容，也說明旗山鐘錶業經歷不同時間的轉變，是不同地方相同產業發展的表徵。

## 【台灣現代的時間觀念】

從文獻來看，清朝台灣的時間觀念，只以沙漏、香案做為時間作息的判讀，在一些開港通商的地區，雖然使用懷錶的人越來越多，但由於廣大人民的作息內容並不需靠精準的時間行事，鐘錶就成為一種奢侈品。根據《水螺響起——日治時期臺灣社會的生活作息》一書的討論，高雄官方有時間數字的開始，是在一八七八年

的港區，而更廣泛被使用，則是基隆到新竹的鐵路鋪設完畢，火車時刻的公共性帶動了北部鐵道沿線，全面蓬勃使用現代時間。

旗山地區的時計影響，可以從日本使用西洋時間，並積極引入台灣做為社會控制的開始。一八九八年，旗山國小的前身——蕃薯寮公學校的設立，以鐘響的作息方式，從教育的角度帶動公共時間的使用，各項公共設施如糖廠作息、自動車時間等開始影響居民的意識，直到旗山糖鐵線於一九一〇年開通，運送蔗糖的鐵道兼營客運，火車整點而過的生活作息，更加速大旗山地區對於現代時間觀念的依賴。

陳永清的《台灣商工案內總覽》記載，昭和九年（一九三四年），旗山街上的時計店就有三家，其中楊協順時計、林珠麻時計是專賣鐘錶，而慶美商店則加入維修、眼鏡買賣、木工塗料、化學製品與印章雕刻，採複合式經營，可見早年鐘錶店也曾出現過複合式的經營。

除了文獻上的鐘錶店，旗山尚有幾家從日治時期晚期就存在的，分別是旗山本通上的呂阿成鐘錶、信美眼鏡鐘錶、清標鐘錶和鄭龍池鐘錶。當中普遍使用店老闆名字做為鐘錶店的店名，似乎也代表著這些店家都主打自己就是貨品的信用保證。

鄭龍池鐘錶舊照。

天時鐘錶行鄭國雄是第二代傳人。

清標鐘錶就位於旗山公有市場旁。

**【念書領固定薪水不如做鐘錶眼鏡】**

目前旗山僅存兩家從日治時代延續至今的鐘錶店——天時與清標鐘錶，都是後代念了高等科後發現鐘錶行業的趨勢，輾轉回來接下鐘錶眼鏡的家業，屬於福州師傅傳下來的技術，並非日本東京或大阪時計體系。

天時鐘錶的前身是鄭龍池鐘錶店，鄭龍池是崗山頭人，大正三年（一九一四年）出生，日治時代家裡鼓勵孩子念書，於是賣了一些在崗山頭溫泉區附近的土地提供孩子念書。小學高等科畢業後，約大正十三年（一九二四年）他進入旗山糖廠工作，來到旗山才發現，旗山的鐘錶店消費市場不錯，且從事人員身分地位都頗高，因此決定向鐘錶老闆呂阿成拜師。和旗山望族吳家的吳新女結婚後，舉家前往屏東當師傅，在火車站附近從事鐘錶行業，約民國三十年左右才又搬回旗山開業，店名取做鄭龍池鐘錶，設立在旗山戲院旁，而後交給兒子鄭國雄，設立在旗山太平商場商圈中，才改名為「天時」。

相較於天時鐘錶，現存另一間在旗山菜市場旁的清

老錶店復古手錶的樣式是現代年輕人喜歡挖寶的好去處。

標鐘錶店，老闆潘清標在大正七年（一九一八年）出生，杉林國小畢業後，念完旗山公學校高等科，原本要回杉林鄉公所服務，但因為沒有走後門，資格被取消。又因為父親過世，姑丈在旗山菜市場開鐘錶店，聘請他一起顧店，當年請了一個中國福州師傅，負責店內的鐘錶維修、鐘錶銷售，但因為鐘錶是比較高端的生意，客群並不多。他和福州師傅學了四到五個月的技術，足以經營店鋪後，因為當年國際情勢緊張與二戰可能爆發，讓福州師傅離開店回到中國，老闆也開始擔起經營的工作。

## 【鐘錶的消費演變】

日治末期二戰爆發，旗山的鐘錶從時鐘、發條錶做起，那時候一支錶的價位就不菲，從千元到數千元不等，全部的錶都要先由店家買斷，再放置在店內販售，過去若想開鐘錶店，如果沒有一些資金，是無法投資和做生意的。據天時鐘錶店老闆表示，民國五十年，修理一支錶大約是一斗米五十元的價錢，就可以知道當時手錶行業的價值不菲。

當年店內銷售的品牌，最早期都是瑞士和日本的為主，如空中霸王、三度士、愛其華、勞力士、星辰、精工等，而後才陸續有其他國家生產的錶上架，中國錶則是要到近代一九九〇年後才進入市場。手錶的熱銷樣式隨著不同時期而改變，日治時代早年懷錶比較暢銷，後來流行發條式的機械錶，再進一步走入石英錶與電子錶。店內也有許多日本寄賣的木材掛鐘，而後才出現鐵製的掛鐘。據老闆表示，早年時鐘內部都是純銅製造，品質非常良好，品牌則是以日本系列比較多，隨著客戶的需求變化，過重的時鐘擺放困難，才有塑膠時鐘的出現。

傳統鐘錶業主要的收入轉為鐘錶維修理。

## 【製作零件的剖析】

天時鐘錶老闆說，手錶的廠牌目前百百種，而裡面的機心，也就是手錶的心臟，大多只有三個地方生產，分別是日本、瑞士和中國。無論是名牌錶還是白牌錶，最重要的就是內部的機心和零件，修繕鐘錶的時候，最常出問題的還是機心。他回想起當年，修理上發條的手錶，非常耗時，經常要調整的是慢分慢秒的問題，有時候光是測試就要好幾個小時，直到石英錶的出現，準度才得到改善。

雖然石英錶厲害，但講到老錶的零件，許多齒輪、內裝都是用黃銅製作，不容易壞，但是現代的手錶，有很多東西經常是塑膠或替代金屬製品，容易損壞。天時鐘錶老闆以六十年的經驗告訴我們，老的東西還是有其價值和令人喜歡的感受。也因此他保留不少老錶，就是因為真材實料，具保存價值。

## 【兼賣眼鏡不是鐘錶店定番】

風行全台的廣告「寶島買的，準！」是從民國五〇年代開始，台灣大型的連鎖鐘錶公司，灌注到全台灣的行銷，也帶動鐘錶與眼鏡一起銷售的潮流。至於為何是這兩樣東西一起銷售，鐘錶店老闆表示是因為兩樣都是舶來品，且都有比較精工的技術門檻，是日本鐘錶業留下來兼營舶來品銷售的特色。當年清標鐘錶老闆受日本教育影響，說一是一的精神，沒有兼賣眼鏡，仍以鐘錶為主，但天時卻是做兩種混合銷售的複合店面。

天時鐘錶早年還兼做眼鏡。

隨著驗光設備的進步，天時老闆說，早年多半是藉由書本的一些感受標準，以顧客的眼睛觀看為主要的判準，然而到了民國六十至七十年間，驗光設備發展至絕對準度，鐘錶店內的驗光能力跟不上時代，加上當時一台驗光機就要三十萬到一百多萬不等，成本過高，店內空間也無法放置，就只好將眼鏡銷售慢慢淘汰，專做鐘錶。

## 【鐘錶代表的是值得記憶的年代】

旗山鐘錶店的全盛時期有多達近三十間，可見地方消費鐘錶的力道之大。當中的呂阿成鐘錶就覺得鐘錶無法生存，因而將眼鏡這個領域分出來，成立另一間信美眼鏡，延續店的發展；七十年後成立的文正鐘錶眼鏡、溪洲的順興鐘錶店、易陞鐘錶和圓潭的口隘鐘錶行則繼續經營既有的老顧客群；位於老街的瑞士鐘錶店、美綸鐘錶眼鏡、信光鐘錶店、大明鐘錶眼鏡行也在八〇年代逐步宣告停業；連鎖店寶島鐘錶眼鏡原本在旗山也占據不小的市場，八八風災後，也正式宣告不敵手機的興起，使用手錶的人口減少，而結束在旗山的經營。

人人有手機的年代和鐘錶成為炫富的功能，讓缺乏華麗包裝的傳統鐘錶業，慢慢被百貨公司、連鎖鐘錶取代，但修錶的功夫卻絲毫沒有受到影響。目前錶店老闆均表示，現在客戶要是買名牌鐘錶，壞掉維修常常動輒上千元，但到鐘錶老店修理，就不需要花費這麼龐大的修理費用。現代人也會添購老錶，往往不是時間參考的需求，而是在自己的行頭裝飾上，表現生活的品味。

細數這些老產業的過去，雖然市場需求改變，逐漸被淘汰，但老的東西有老的價值，留下來的店家告訴我們，鐘錶代表的不只是一種商品，而是一種紀念、一種習慣。在電器只要壞了就換新的時代，老鐘錶店生意卻依舊好，因為大家希望保留手錶代表的生活記憶。雖然沒有人想接續鐘錶修理這種耗神的工作，但老錶店的老闆，卻堅持要繼續保存人們生活記憶的工作，直到離開他們所愛的位置。

### 台灣鐘錶小記

早年台灣鐘錶職人分屬兩大系統，一個是日本東京的時計學校，以專業學校系統進行培訓，一個則是由中國福州地區的鐘錶師傅，以師徒制培訓方式實戰訓練而養成。直到目前，鐘錶業在台並沒有正式的養成機構培訓，現在從業的師傅，多半為家傳或學徒培養，加上早年鐘錶維修與銷售利潤高，是一門比較圈內的產業，從業人多半是自己的親戚或朋友。早年技術的精進多半來自師傅之間的交流，並且透過商品的拆解，只要具備電子基本的知識，師傅就可以研究不同鐘錶的功能，可以說是土法煉鋼，但主要機心仰賴日本和瑞士進口，不少零件則是以不同鐘錶維修、淘汰後留下的零件做為替代。隨著目前電子產品快速發展，鐘錶的平價化，快速衝擊傳統產業，加上早年鐘錶兼做眼鏡，國內開始推動驗光師證照與驗光器材的進步，也解構圈內的經濟狀態，目前主要鐘錶銷售越來越偏精品與科技品，傳統店家只能兼營維修和眼鏡。

小鎮專門店 第拾貳店

# 仙堂戲院崛起，形成雙戲院的熱鬧街市

旗山四大戲院之一的仙堂戲院，一九六三年開始在旗山小鎮走出自己的色彩，以本土的布袋戲、歌仔戲、華語電影，打造與旗山戲院不一樣的市場區隔。這個號稱旗山娛樂業最長壽的戲院，橫跨了黑白和彩色的年代，陪伴小鎮的人走過看戲、電影和ＫＴＶ歡唱的娛樂產業。

## 【在戰後創建的小鎮新樂園】

仙堂戲院前身為新樂園戲院，由蘇添發經營，舊址有幾種說法，一是在舊鼓山國小附近，二是位於旗山火車站後方，但戲院最後的身影就坐落在過去旗山糖鐵線通往圓潭支線旁，多次搬家也是戲院經營久遠的特色。

新樂園戲院當時經營的族群有別於旗山戲院，以台灣傳統布袋戲、歌仔戲為主，打出了自己的市場，卻在一九六二年突然對外宣布歇業，這年也正是旗山香蕉經濟輝煌的黃金年，小鎮的戲院、酒家、茶室等娛樂產業隨著香蕉熱銷而蓬勃，因此新樂園戲院臨時停業，令許多居民難以相信，在當時的報紙上也掀起一番討論。

一九六三年，新樂園戲院的土地所有權人陳啟清，將停業的戲院買下來，並改名為仙堂戲院。陳啟清平時為人正直，常常行醫幫小朋友看病，街坊流傳他醫術甚好，在現今復新街雜貨店址開賦安堂藥局，由女兒阿秀擔任護士。據陳老先生的媳婦表示，他購買戲院的過程相當辛苦，由於當時陳家經濟狀況有限，但陳啟清是新樂園法拍的首要競標者，因此與女兒阿秀兩人到處找人、找銀行籌錢，最後好不容易得標，延續戲院的經營。

仙堂戲院的牌樓。

## 【縮著腳看電影】

仙堂戲院剛開始經營時頗有野趣，觀眾進到戲院，腳踩著泥土地板、屁股底下坐的是自製的竹椅，手拿著販賣部買的瓜子，很享受的配上大型銀幕看電影。瓜子殼都直接丟在地板上，讓戲院成為老鼠天堂，當年觀眾為了閃躲地上的老鼠，會將雙腳縮到椅子上看電影，也成為小鎮居民到仙堂戲院看電影的有趣姿勢。販賣部的阿真姨說，因為那時觀眾看電影的坐姿，讓口袋裡很多東西都會掉出來，零錢掉在泥土地板裡也沒有聲音，所以員工最喜歡散戲時去收垃圾，每次都會有意想不到的小費。

仙堂戲院上演的布袋戲、歌仔戲更是為小鎮居民津津樂道，像是黃俊雄布袋戲班、藝霞歌舞團或是新興的新劇團都在仙堂戲院開演，一演就是連續十天以上。附近居民都說，雖然每天演出內容一樣，還是忍不住每天去看，跟著大家一起笑、一起流淚，感覺就是不一樣。所以當時這些劇團來到旗山，場場爆滿，小鎮相當熱鬧。

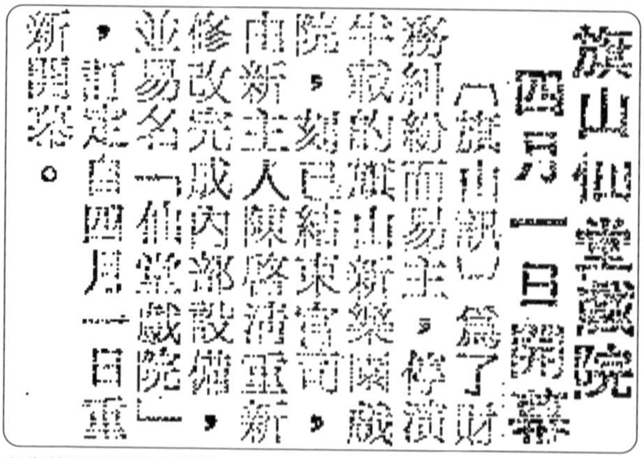

旗山仙堂戲院
四月一日開幕

〔旗山訊〕爲了財務糾紛而易主，停演半載的旗山新樂園戲院，刻已結束官司，由新主人陳啓清重新修改完成內部設備，並易名「仙堂戲院」，，訂定自四月一日重新開幕。

仙堂戲院開幕的新聞報導。

劇團、舞團來到戲院演出也促進了地方消費。如藝霞歌舞團每次來都造成旗山民眾的轟動，整個舞團約五十人左右，仙堂戲院沒辦法住這麼多人，大部分團員都分散住在延平路上的花王別館、東洋旅社和金城旅社等地，也常會到南松大飯店、寶島飲食部等地方用餐。每次請到他們演出，仙堂戲院總會特別開宣傳車到鄰近鄉鎮宣傳，十幾天下來票房不曾減弱，旗山街區熱鬧到凌晨十二點，人潮也沒散去。

## 【仙堂大家庭的濃厚情誼】

在仙堂工作的員工就像家人一樣。人可以一餐不吃飯，但戲院卻不能一天不放電影，逢年過節員工們天天都會出現在仙堂門口，一起吃年夜飯、一起放鞭炮、過生日等。對於戲院工作的嚮往，除了老闆娘細心營造相互間的情誼外，更重要的是，每個人進到仙堂都有一個獨特的生命故事。

仙堂戲院內部照片。洪旗南提供。

當時有個年輕人帶著十二個𨑨迌仔來到仙堂戲院，來勢洶洶沒有買票就衝進戲院。顧口小姐看狀況不對，按鈴叫老闆娘過來，並把帶頭的年輕人請到仙堂辦公室講話。老闆娘問年輕人說，你今天帶這十二個人是要做什麼的？年輕人說，我想要做老大！請他們看電影不行嗎？老闆娘回，要做老大可以，但老大如果沒才調，會做得很辛苦，你今天帶十二個小弟來看電影，連票錢都付不起，要做什麼老大！你沒錢也沒關係，但這十二個小弟書沒好好讀，出來又讓父母擔心，跟著你這個老大，你叫他們未來怎麼辦！這樣好了，今天這場電影我給你老大面子，免費讓大家進來看，明天請你把這群小弟帶回家讀書好不好？

過了一個禮拜，一個媽媽跑到仙堂戲院找老闆娘，感謝老闆娘讓她的孩子不再去外面鬼混，每天準時上學、回家。她問孩子怎麼了，孩子說，就老大帶我們去看電影，結果被老闆娘叫去辦公室講話，隔天老大就叫我們全部回家認真讀書了。

又隔了幾天，這位老大再度出現在老闆娘面前，提出因為家境困苦希望找份工作，詢問仙堂戲院願不願意收留他。老闆娘看他本性不壞，就答應了，每天三餐及微薄薪水，從最基本的放映師學徒開始，一起在仙堂的大家庭生活，經過多年學習與努力，這位老大也成為了戲院獨挑大梁的放映師。

在那時資源沒有這麼發達，類似的故事相當多，為了養家來到仙堂戲院、不愛讀書被送到仙堂戲院、因為惹事來到仙堂戲院等，因為這樣的生活背景，員工與老闆間的信賴關係更為緊密，在工作上能夠互相協助幫忙。也常出現但一人身兼數職，例如從小在戲院長大的柯放映師，除了要放映電影、開車宣傳電影、製作商家廣告外，還要去老闆娘的鳳梨田種鳳梨。如今柯放映師想起來仍是回味無窮，他說，「因為仙堂與老闆娘有需要，我才決定去種鳳梨啊！」這就是仙堂戲院的員工生活。

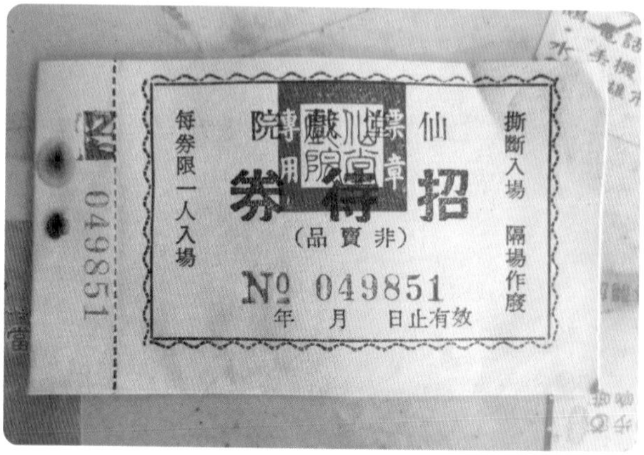

仙堂戲院招待券。

## 【蕉農南國在台北也備受禮遇】

一九六〇年後，仙堂戲院以播電影為主，每個月老闆娘都會上台北到電影公司挑片，從旗山坐公車到高雄再轉火車上台北，或坐計程車到小港搭飛機，光車程就要花上一天的時間。

戲院老闆娘黃茶說，當時全台的戲院都會上台北挑片，當年邵氏兄弟公司的武俠片最有名，而林青霞、林鳳嬌的文藝片較為熱賣，像這種叫座的片子，單價都比較高。電影公司會因為他們來自旗山，香蕉賺錢，有時會讓他們免費試看片子，同時租金也會比較貴一點。

選片的時間要看電影公司的排片狀況，有時候電影公司人很多，等很久才能開始挑片，最長還得在台北待上一個禮拜。選片過程中，會有一個專屬的排片人員在旁邊，記錄著他們每次挑選的片子有哪些，並介紹最近有哪些不錯的電影，最重要的是會幫忙核對挑選的電影，才不會和旗山戲院或附近戲院的檔期互打。現場若遇到兩個戲院想要同一個檔期，老闆們與排片員就在現場談判，喬檔期與影片的價格。可說排片的那一個禮拜，決定了未來一個月戲院的成本與收入的好壞。

一部片的價格有分租片與抽成兩種算法，像是比較市區的戲院如大舞台戲院，電影公司都喜歡用抽成方式計算，這樣看電影的人多，電影公司抽到的利潤也多，但旗山的戲院仍多是用租影片的方式。但不同戲院、不同電影，一個檔期四到五天的租價也會不同，通常都是老闆直接和排片員商量出最後彼此能接受的價格。當時為了減少租片成本，仙堂戲院還會和美濃的第一戲院合作，甚至將第一戲院承租下來，一個月一次租四部電影，分別在仙堂戲院與第一戲院輪流放映減少成本，且票房也不會互相影響。

## 【旗山與仙堂兩戲院的較勁】

旗山戲院與仙堂戲院相距不過數百公尺，客群難免會重疊，戲院間會盡量做出市場區隔，讓彼此不傷和氣又有不同的客源，像是早期旗山戲院排電影多以喜歡日本電影的族群為主，並會請日本的香蕉歌舞團演出，造成轟動。但而仙堂比較偏向喜歡看劇、看戲、華語電影的族群。但兩家戲院的定位，在一九七〇年後，電影市場區隔越漸模糊，也逐漸走向競爭關係。

例如放電影的時段，旗山與仙堂戲院的開演時間都同樣是下午一點及晚上七點，但下午三點與晚上九點的上映時間，仙堂戲院總是比旗山戲院提前三十分鐘開播來搶市。

在排戲上，旗山與仙堂戲院彼此間有些不能說的默契，因此很少有發生撞戲的情形。但有一次，一部叫做《海鷗飛處》的電影實在太有名，各大戲院輪流上映，仙堂戲院也排到電影成為小鎮的首映，沒想到在旗山戲院的看板上，卻突然冒出要比仙堂戲院早一個禮拜播放《海鷗飛處》。仙堂的老當家陳啟清聽到後相當生氣，立刻打電話大聲斥責排片員，罵他們沒有職業道德、不會處理事情，但都已經宣傳了，旗山戲院的檔期也無法更改，該怎麼辦呢？剛好，在旗山戲院首映前一天，台中的某家戲院剛好結束《海鷗飛處》檔期，陳啟清就叫員工連夜上台中拿片子，要和旗山戲院排同一檔期放映，並將票價從原本的三十降為二十元，為的就是要證明仙堂戲院是有骨氣的！

當時兩戲院互相較勁的事件相當多，老闆間鬥智鬥勇，但兩戲院的員工間卻依然和樂，如今成為內部員工偶爾會拿來津津樂道的有趣故事。

## 【阿兵哥的娛樂消遣】

一九七七年，橫掃高雄的賽洛瑪颱風，除了讓旗山超過百間房屋屋頂損毀，也造成戲院嚴重受損。趁這個機會，仙堂戲院決定整修和加碼投資，不僅把戲院牌樓商標換成陳家的商標，室內的竹編籐椅也換成沙發椅，配合時代的喜好開始加裝冷氣，擴大戲院規模，整個室內空間約可容納一千人左右，但如果遇到熱賣的片子，還是會擠得水泄不通。

戲院看戲的票券，分有全票、半票、軍警票和學生票，一百二十公分以上就算學生票。發軍人財不是外島的專利，在旗山有不少軍營，像是海軍陸戰隊的師駐所就在旗山的圓潭地區，而民國六十八年台灣八軍團在旗山圓潭成立，更有大批軍眷人員來旗山就業，此時旅外執勤的軍人缺少娛樂，來看電影就變成戲院經營的重要來源。「戲院有時候也會和鎮公所兵役課合作，提供勞軍票，給一些長官來看，大概一個禮拜一次，有時候也會有類似的公關票，招待『戴帽子』的軍警朋友來看戲，藉此宣傳戲劇與影片。」陳家的經營，除了電影也跨足場地租賃，早年軍營辦理教育召集或勤務召集，大批的後備軍人前來受訓，因為營區內沒有較大的集會場地，也會經常借用仙堂戲院的場地做為召集開會之用，如此的多元經營，讓仙堂戲院的服務得以繼續。

## 【從戲院到KTV力搏轉型】

受到電視普及化、娛樂產業個人化的影響，大約在民國七十五年後戲院的經營漸漸走下坡，與先前一樣，陳家力圖轉型，搭配個人娛樂興起，走KTV包廂路線，希望招攬不同路線的消費群眾，但旗山與高雄的交通日漸方便，消費人口逐漸外移，娛樂產業轉移到市區消費；加上軍隊放假制度改變，放假時間改變，讓留在地方消費的軍人減少，旗山地方經濟往市區移動，仙堂戲院終究不敵市場宣告停業。

一九八〇年左右，戲院主體因道路拓寬，土地切割後轉讓而拆除，二〇一五年，緊鄰旗南路的仙堂戲院牌樓，也因登革熱防治理由而被拆除。從此戲院的足跡在香蕉小鎮上銷聲匿跡，讓老一輩看戲的樂趣沉入回憶，而印象最深刻的，就是戲院裡蓋著銀幕的紅色絨布，在電影開播後緩緩上升，所有人起立唱國歌，三民主義……這成為旗山的戲院場景謝幕的最後畫面。

### 看戲看到跟劇團離家出走

七〇年代的戲院不時發生孩子跟著劇團離家出走，學新劇、歌仔戲的情形，常成為旗山人話家常的趣談。當時南光新劇團剛結束在仙堂戲院數十日的演出，兩位旗山初中裡帶頭作弊的學生，深怕被學校及家長處罰，懇求南光的團長讓他們加入，帶著他們前往嘉義朴子巡迴演出。剛加入的初中生什麼都不會，一路負責劇團眾多雜事，從演戲的聲效及燈光做起。團長告訴他，當廖添丁手放入口袋就是開槍的信號，閃光和槍聲要準備放出來，你與廖添丁配合得越好，這齣戲就會越精彩！誰知孩子太緊張，一看廖添丁手放進口袋，就急忙放出槍響及火花，碰的一聲！結果廖添丁沒有拿出槍，反而從口袋裡拿根菸出來抽，現場的演員一看音響與光線全錯了，靈機反應只好倒在地上假裝被槍擊中，台下的觀眾哄堂大笑。後來兩個孩子的爸爸動用各種關係終於找到孩子，還到嘉義親自把孩子接回來！成為旗山許多人知道的趣事。

小鎮專門店
第拾參店

# 傳統工藝紙紮，不只是宗教更富含人味

台灣的糊紙工藝在民間流傳已有一千多年的歷史，不少都是在特殊的節日使用，跟宗教有著密不可分的關係。不少糊門窗、手工糊燈籠的技藝如今早已被潮流和機器取代，但唯一尚存的，就是在長輩過世後紮一個紙紮屋，做為緬懷先人的奢侈品。這種商品居然是出自於道士的手藝，加持靈性的產物，讓它還帶有不同的色彩。

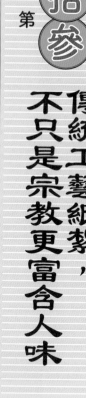

## 【道士也是一種產業】

旗山僅存的紙紮老師傅楊清榮，出生於昭和十四年（一九三九年），早年是台南龍崎的龍船窩庄頭人，父親楊萬春在台南龍崎跟「垃圾伯」師傅學做道士。楊清榮說紙紮行業和漢民族的文化有關，大部分都是唐山過來的，而說起紙紮工藝，一定要提到道士文化。而道士的三種功夫是生存必備法則：「第一擇日、第二風水、第三紙紮，甚至不會做法都沒關係。」如果以產業的分類來看，擇日、風水都是服務業，而紙紮則屬於工藝製造業的範疇，看得出道士不只有洞悉天地的教化服務，還肩負工藝的表現和信仰祭祀的視覺享受。

## 【紙紮是送禮祭祀的精緻文化】

這類糊紙工藝，在楊家製作的作品內，因為科儀的需求在鄉間多半是「黑頭法事」（祭祀往生者）為主，而市場需求多半以紙紮屋，或者其他科儀使用的紙紮物件。店內有製作的像是金童玉女、金山銀山山神、土地公、大孫轎、法船、血山、大士爺、鬼王、男湯女沐、赦官、赦馬等，樣式非常多。當中幾乎都是道士做法事的道具，像是大孫轎就是長輩過世，長孫抱著骨灰罈的造型產品。

道士的技能：第一擇日、第二風水、第三紙紮。

其中傳統紙紮屋的種類，大約可以分為閩式五間三合院和西式洋樓兩大類，再依照華麗與製作繁瑣的程度，分成不同等級，主要也是依照河洛建築樣式的「三川」、「五間」、「伸手」、「九包」進行分類。一般紙紮的形態大部分以「五間」為普遍型態，五間就是三合院傳統

過去紙紮的作品。楊清榮提供。

樣式建築，以五個立面組成，屋頂華麗且有燕尾，凸顯死後升官發財，當中也有更大間的三川殿，由三間大宅院合體組成，樣式更加氣派且雄偉。有些房子華麗的程度，加上扁平化輕量設計，真讓人對死後有種美麗的遐想。紙紮屋被當作禮物，在祭拜往生者後，將其燒毀，相信往生者會在另一個世界收到禮物，並派上用場。

## 【從前的高消費奢侈品】

相信人過世後會到另一個世界生活的文化習俗，在台灣非常普遍，即便在二十一世紀的今天，也因為相信人死後仍有另一段人生旅途，而出現許多產品需求。當年紙紮屋的消費市場，以台灣河洛族群或被河洛文化影響的平埔族群為主，楊老師傳說，旗山地區附近的客家族群沒有做紙紮的習俗。紙紮屋手工製作繁複，屬於比較高的消費，大約只有五十%的消費者會使用，但在民國五十年後因為經濟起飛，各族群間相互影響，這個習俗才擴散到全台灣。

民國六十年左右，完成一座「五間」的紙紮屋大約是五個工作天，以一天工資二千元計算，五間的紙紮屋約在一萬元左右，若再加上花園，還要多三個工作天，約一萬六千元，以當年消費來看屬於高單價的商品。常要先做幾個樣品放在家裡以防臨時要用，碰上趕著送禮的人有需要就馬上可以出貨。

## 【就地取材、做工繁瑣的紙紮屋】

過去紙紮都是手工製作，內門、龍崎、關廟之間的麻竹很好，早年從上山剖竹子、修圍仔、手黏紙屋到裁量材料都要經過手工製作，製作一間大厝門面要挑生長較直挺的竹材，若過於彎翹還要用榔頭敲直加工後才可以製作。竹子先以「紙釘」打底座，再以紙釘從骨架的編織設計進行結構布局，等到架構完成才開始糊紙。

糊紙前，店內還要先自製糨糊，以前楊清榮是用麵粉自製的糨糊做為黏著劑，在熬煮中用水加上麵粉成糊狀後，再加明礬進行防腐，讓糨糊黏稠的質地更平均。目前的第三代楊曜禎回憶起小時候：「家內只要有在煮糨糊，就非常高興，還沒有放明礬前的糨糊就像麵，味道很香，就當作零食偷吃。」而後店內隨著時代的變化，熬煮的糨糊因無法貼牢，現在加入塑膠原

紙紮的工具。

工作中的楊清榮。

旗山日治時期的紙紮作品。紀正毅提供。

料的材質，加上熬煮的速度比不上使用的速度，才改用貼地紙的糨糊製作。

楊師傅說，傳統製作紙紮屋的色紙，只有幾種款式，俗稱為「五色紙」，顏色各代表五行的元素：黃（土）、白（金）、青（木）、紅（火）、綠（水）。要用這些顏色搭配製作，像是五間的紙紮，屋頂顏色通常楊師傅就會在中間使用綠色，然後兩旁黃紅進行配色。店內用紙，都是直接去台南販賣紙紮用紙的道士專賣店購買，買一些傳統花紋的專用紙類、家具半成品，布置房屋的牆壁、地板，接著用捲紙的方式製作屋簷與屋頂，再把一些雕花、馬背安上。有些量體早年使用泥塑或者近代一點使用保麗龍裁切，外面再用貼紙固定，最後再安上一些童男童女、家具、花草等物品才算大致完成。

## 【失去手工溫度的紙紮】

從旗山到甲仙、那馬夏、六龜、溝坪、杉林等地的客戶，依舊對楊老師傅感念和信任。因為早期紙紮師傅沒有貨車可以運送，若是客人在山裡面或離家遠的地方，師傅都是攜帶材料或到當地取材，有時要住在客戶家製作近一週時間，三餐就由喪家供應，師傅與客戶彼此的信任從當中慢慢累積。透過師傅的巧手，慢慢蓋好一間死後安身立命的住所，替家屬完成法事，撫平對往生者的思念和處理全部的科儀到入土為安，紙紮不只是商品，也是人們撫平心靈的連結。

隨著時代的演變，客戶的需求越來越多樣，直到現在紙紮手藝慢慢被機器取代，幾乎都是組裝品和現成品，商品也換成I-phone、名牌包、汽車等現代化享受，許多製品都是工廠製作好的成品，無法感受到藝匠的巧思和人的氣息。許多其他的往生用品，也都進入生硬的生產線，因為成本低製作量大，讓這些傳統工匠逐漸失去市場。所以楊師傅在二〇一二年，礙於成本與生前契約對鄉村產業造成巨大影響，決定停止紙紮屋的生產，但紙紮魂，還在這天地正氣與老師傅的手裡。所以地方的工藝能否脫胎換骨，不僅只是擇日、風水、紙紮，而是青年回來承接再出發的人味表現。

## 竹編產業

台灣的竹編產業，可以說包辦食衣住行育樂的範疇。由於竹子分布廣唾手可得，部分受到華南一帶丘陵地方便取竹使用的影響，部分則是平埔族的植物使用文化，造就台灣竹器的發展。臺灣竹林分布以麻竹的面積最廣，約佔五十二%，其次分別為桂竹約二十五%、莿竹十八%、綠竹二點五%和孟宗竹的一點九%，這些為主要品種，目前大量編織的竹材動輒拿竹造屋，敷上泥土與石灰，或者編織竹竿成筏、成竹橋協助過溪，小者從碗筷容器到斗笠桌椅等。竹器產業隨著常民需求而興起，分工生產不同的竹器，南投、雲林、嘉義、台南等地也都因為接近產竹區域，逐漸形成專業聚落，進行竹器製造，但在各地仍有小區域的竹材鏈結。各地的竹材使用也不盡相同，普遍來說孟宗竹韌性強、質地佳適合造屋、造橋；刺竹與麻竹比較多使用在器物、家具上，是台灣最普遍的竹器製作原料，孟宗竹則是因為在十八世紀從中國引入，使用較其他竹材來得不普遍，但也會用在一些工藝品與飾品的製作。

小鎮專門店 第拾肆店

# 跟著阿賢腳踏車店，乘風穿越小鎮風光

關於腳踏車總有說不完的回憶。記得先前舉辦的旗山三輪車復古遊街活動，車子所到之處，都受到大人物級的阿公阿嬤圍觀，爭相回憶過去人生風華的故事。腳踏三輪車，涼風在耳邊吹過，用最舒服的速度體驗小鎮風情，回到各行業用鐵馬拚事業的精彩人生，讓服務騎士一甲子的車店老師傅，帶你一探這小鎮交通變化風雲。

## 【值得花一整天等待的腳踏車】

三輪車主要在一九五〇年代開始盛行。台灣施行進口關稅保護管制，管制日本外銷到台灣的自行車零件，促使零件工廠在台灣快速成長，當時大大小小自行車組裝廠快速成立，各式各樣不同的車款及品牌相繼推出，有專賣雜貨的「雜細車」、載重物的

修鐵馬的老工具。

「武車」、輕巧休閒的「文車」、給產婆騎的「產婆車」，以及有錢人家出入門戶專屬的「三輪車」，儼然是一個產業發展史。

在那個汽機車稀有的年代，自行車普及化是國家富有的象徵，更是當時政府的政策指標。全盛時期旗山的中山路老街就有近十四家腳踏車店，顧客從內門、甲仙、杉林近悅遠來，依需求選擇車種與廠牌，腳踏車師傅再依車種零件組裝，經過四小時方能完工。對於遠到的客戶，老闆娘會幫他們準備午飯，等師傅處理好一切，客戶騎回家也已晚上，可想而知當時一台腳踏車的功能與價值，值得用一天的時間來等待。

## 【述說兩世代自行車文化的阿賢腳踏車店】

過去老街腳踏車店的繁榮街景，現僅存老街南面一間古早的阿賢腳踏車店，老闆阿賢伯從小跟著父親學修腳踏車，傳承自日治時期的隆盛自轉車店，讓我們至今依然不忘旗山小鎮腳踏車業的輝煌歷史。

阿賢車行老闆。

隆盛自轉車店由阿賢的父親劉順迎創立。劉順迎十九歲時帶著兩斗米拜師學修車，經過三年四個月的磨練，二十二歲出師後到美濃當修車師傅，並於昭和年間，在旗山中山路四十五號租屋開設隆盛自轉車店，裡面販賣各式日本進口的腳踏車，曾搬遷過多次，一九五一年，隆盛自轉車店才搬至現在的位置，當時阿賢伯年僅五歲，就和弟弟向爸爸學習如何修理腳踏車。

一九九五年，隆盛自轉車店面臨關門危機，阿賢伯心想父親一手經營的車行，若失去延續與傳承相當可惜，於是放棄原有小吃店的生意，承接了隆盛自轉車店，並將店名改為阿賢腳踏車店，延續車行的歷史。

## 【旗山小鎮二戰後的鐵馬樣貌】

「我以前都騎它來載小姐！」阿賢伯驕傲的跟我們說過去騎腳踏車把妹的故事。當時一台腳踏車的售價，相當公務人員五個月的薪水，能騎著文車後面載著小姐兜風，就好比現在開敞篷車兜風一樣威風。

「文車」是旗山官員較常騎的車種，車體結構單純、輕便好騎，是在地文人雅士、公務人員平日代步散心、出門載小姐的首選車款，尤其以台灣的幸福牌與日本的資生堂為兩大優質文車品牌，更是旗山人夢寐以求的高級車。

相較於文車，台灣公司製造的武車在旗山市場更大。由於武車是以載運貨物為主，因此車體前後由兩支支桿支撐，車尾載物台下增加鐵架強化，車身材質以堅硬的鐵為主，車輪較文車大，結構完整、承載力充足，在車尾能掛上三個大型竹簍，前輪兩旁能掛兩個竹簍，特別符合當時台灣人民耐操拚第一的精神象徵。

阿賢車行店面。

過去的不同職人都將武車運用得淋漓盡致。皮箱店師傅會在車上綁上數十個皮箱騎去溪洲、阿蓮等地兜售皮箱；布店老闆將數捆布綁在車後，到旗山大菜市場賣布。使用最傑出的應該是旗山的農民，一九六〇年旗山香蕉剛大好的階段，蕉農將一台武車的五個竹簍全部裝滿，負重高達二百五十公斤，載到青果合作社集貨場販賣。家中有一台武車，可說是做事事半功倍，也能因騎車四處推廣而事業突飛猛進，不難想像擁有一台武車對於一家子生活的重要性。

鐵馬中還有一種車款，阿賢伯稱它為產婆車，過去夫妻生小孩都需助產士接生，在孕婦臨盆時，產婆就要騎產婆車快速到接生地點，這種車款專為產婆所設計，類似現代淑女車，車身低女生較容易跨越，騎起來輕巧且穿梭便利，而且腳踏車上可以放置所有接生器材，讓產婆能迅速穿越鄉下細小彎曲的街道，到達接生地為產婦服務。

百歲的富士霸王是車店的珍藏。

## 【香蕉牌的妙用】

一九五〇年代起，政府開始訂定腳踏車相關規範，規定路上跑的腳踏車必須在車前加裝燈具以及每年領牌照，定期繳交牌照稅，一台腳踏車需繳交十五元牌照稅。牌照的規格與時並進，最初是一張紙掛在腳踏車前，但因紙張容易損毀，於是改用鐵製車牌鑲在後輪的擋泥板上，因造型長形彎曲像極香蕉，大家稱之為「香蕉牌」。香蕉牌內外分為子牌與母牌，母牌鎖在腳踏車擋泥板上，子牌採抽取式，兩者合起來會拼成車牌號碼。將子牌抽離就會出現紅色停用字樣，騎著停用的腳踏車被警察抓到可能會重罰。因此旗山人利用這點，每次騎腳踏車到旗山戲院看戲時，離開前把子牌抽走露出停用的號碼，以防有心人士偷車，可說是最方便的腳踏車鎖了。

## 【一台富士霸王道盡從日治到戰後的歷史】

目前在阿賢腳踏車店內，有輛明治三十三年（一九

○○年）由「日米株式會社」出產的的富士霸王自轉車，當年這台車就如同賓士車一般，相當昂貴且令人嚮往。富士霸王自轉車整台車體以銅製成，坐墊是牛皮材質，煞車設計為手煞與腳煞車搭配使用，煞車旁還有一個可愛的日本鈴鐺。無論上管、把手、輪盤等每個車體零件，都鑲有富士山與太陽的富士霸王標記。但最讓人興奮的是，這台車不僅保有日治富士霸王特色，更呈現戰後自行車發展的文化軌跡，例如富士霸王後方擋泥板上鑲有戰後才有的自行車香蕉牌，一九六六年的小型車牌許多也掛在富士霸王的骨架上，車前有一個自力發電的車頭燈，電源來自後輪上的小型發電機，透過騎乘時輪胎摩擦齒輪，把動能轉成電能讓車燈發光。

至今阿賢伯每日的固定工作，就是拿豬油擦拭保養富士霸王。腳踏車修理買賣生意不比從前，因此店內開始做起斬皮蛇的民俗行業。他也在平日空閒時間，發揮手工，將蒲葵葉做成扇子，將廢棄的腳踏車零件做成小孩的玩具，每當開發出新的小玩意兒，就與街坊分享，讓腳踏車零件有新的玩法。每次有客人進店賞車，他也會大方的牽出蒐藏的寶貝，讓大家觀賞。用最舒服的速度走訪鄉村，進入車店就是相見歡的最好開始。

### 台灣的「卡打車」

從一九〇三年日治時期，台灣開始引進日本的進口車，品牌有富士霸王號、富士宣傳號、日美商社、松島號、能率、川村號等。其中最著名的是由日本株式會社日米商行製造的富士霸王號，是當時最高級的自行車款，當年一分農地價格大約是一百元，而一輛富士霸王號要價就高達三十元。

二次大戰結束後，台灣政府終止對日貿易，爾後又於一九五〇年開始管制自行車進口，希望開創本國的自行車產業，共有四大車廠接受政府扶植，分別為台北的飛虎牌、高雄的福祿牌、台南的自由牌、台北的伍順牌，開啟台灣製造自行車的契機。一九七〇年代，受到政府鼓勵出口的政策影響，在中部以大肚山為中心，逐漸形成一個世界規模最大，上中下游緊密結合的自行車產業聚落，一九七二年成立美利達，一九七六年捷安特的前身巨大機械公司成立，業界逐漸利用全球運籌分工體系，將台灣發展成為世界知名的腳踏車王國。

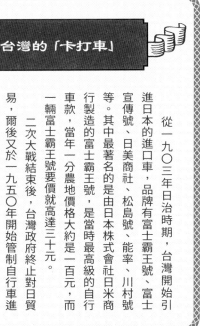

小鎮專門店 第拾伍店

# 從南林到新化興，嘗醬油的百態與細膩

在華人社會中醬油是菜餚的美味關鍵，自古以來，已經伴隨我們三千年的歲月。台灣社會更是著重醬色，廚房裡一定要有一瓶醬油，講究所謂色、香、味俱全。只要一個地方還有在地的醬油廠，地方居民多半會使用它的醬油，代表地方對於食物還有著特殊的品味。旗山的醬油，就是地方美食的把關者，過去旗山做醬油的家族，也都在地方政治的桌上，占有舉足輕重的地位。

## 【來自台南林家的移民】

日治時期的台南市末廣町二丁目，身為林家後代的林方一，與各方合資開設南台灣第一間百貨「五棧樓仔」，這是林家對台南的貢獻，日後影響了台南的商圈發展，也是目前南部年代最久遠、規模最大的傳統百貨建築。林家樹大開枝，當年由林文久從台南帶著全家來高雄旗山落腳，認定旗山的經濟環境可以發展，打出「南林」商標在旗山發展壯大。兒子林添丁在旗山投資土地，並與旗山望族洪家結為連理，逐漸擴張南林商會在旗山的版圖，讓南林彈珠汽水、醬油、製酒、製冰場等相關企業在旗山拓展開來。

林家後代表示，林添丁在旗山的公信力受到地方肯定。日治時代，他擔任旗山最後一任郡守，日本人將管理旗美九鄉鎮的職務交給他，是台灣的第一人，也是最後一人。除了林家受到日本人信任外，也因為林家的財力渾厚與熱中地方公益，據林家堂孫林崇漢投書《聯合報》的文章，旗山林家還曾舉辦「添丁盃」運動，也是用林添丁的名義推廣地方體育活動。

## 【故事很多的醬油工廠】

「我的阿公就是添丁仔」，林小姐已經七十二歲，講起話來還是鏗鏘有力。說起戰後林添丁因為戒嚴，經常被逮捕調查，國民政府自中國大陸撤退來台，許多大成義胞隨著軍隊至旗山落腳，來的時候擠滿旗山火車站的畫面，林女士依舊歷歷在目。這些義胞後來全被安置在旗山國小禮堂，身穿破衣，需要照顧，這時愛好公益的林夫人洪亂，在自家醬油廠廚房提供大灶給軍人煮飯，幫助這些落魄的離鄉軍眾。她回憶起當時的狀況說：「軍隊一開始來的都是一些紀律較差的單位，經常出現強姦或治安問題，後來的部隊就比較正常。」洪亂明白是戰爭引起的狀況，便展現包容力，對於這些不同族群與顛沛流離人士，給予溫暖與協助。而這也是林家在氣度上，為何能夠受到各界敬重和肯定的重要原因。

戰後國民政府來台，行政院長陳誠聽說林家在地方的善行，還親自來旗山拜訪林添丁，邀請他出任監察委員。林小姐說起當年陳誠來家裡拜訪，說：「當天全家都不知情，還穿著日本式的內衣褲在家中，突然一群車隊來訪，隨後記者相機蜂擁。」該怎麼辦？林小姐說：「大家就一身居家裝扮被拍照，也只能微笑面對。」叱吒政壇與商界的台南林家，還擔任縣政府副議長的職務，鎮上老一輩人

店內的蔭豆豉也別有一番風味。

對南林的印象，總是大拇指一比。一口醬油透著過往戰爭後的辛酸，含在口中也念著林家對各地朋友的照顧，戰後的醬油工廠，也因為林添丁的付出，還有兒子林景星的打拚，在戰後達到高峰，南林車行、南林貨運，更多的地方產業紛紛因醬油而生。

## 【甘甜的南林醬油】

純釀醬油有三百多種香氣，不只是鹹味，而是多樣性的味覺刺激。回憶起以前的南林醬油工廠，除了一缸缸的醬油曝曬產生的香氣，還有眾多工人在工廠內來回穿梭，黃豆和小麥的香氣就在其中發散，蒸煮醬油的氣體，手拿著拌匙持續攪拌，整體畫一的生產百年如一日。「吃好的醬油身體真的會好，我爸媽都是自己工廠醬油的使用者，年過七十歲頭髮還是黑的。」林小姐說這種純發酵製作的醬油，需要經過調製、醃漬、放置、曝曬和過濾等工作過程，才有這種味道，因此勞力密集所製造出的醬油其中一味，就是眾人汗水的辛勞。

醬油到底可以影響什麼？如今旗山當歸鴨麵線林立，用手指都數不過來，但其中一味乾拌鴨血淋上醬油卻是每間當歸鴨都有的招牌菜餚。據說，以前林家都喜歡吃當歸鴨麵線，林景星經常前往光顧老店「洪家當歸鴨」，當時當歸鴨也是南林醬油的常客，但過去乾拌鴨血是使用醬油伴食，但林先生覺得味道還不夠，「洪先生，你這個鴨血用醬油乾拌吸不進去，我們南林有做糯米醬油膏，可以包覆在外，你要不要嘗試看看？」結果洪家的乾拌鴨血一改而紅，口感提升，後來的乾拌鴨血都使用油膏搭配，接著整個旗山的乾拌鴨血都跟進，也影響了後續菜餚的變化。

早年旗山糖鐵前往九曲堂的火車，總是會經過南林醬油工廠的後方，回鄉的旅客每每聞到來自地方的醬油味道，就是準備下車的時刻，濃郁的醬油味代表了旗山人的記憶。可惜南林醬油現今不再繼續經營，旗山的鐵道也已拆除廢棄，但要懷念旗山地方的醬油這一味，並非沒有其他選擇，同樣來自台南的新化興醬油也是令人懷念的醍醐味。

新化興醬園。

## 【同樣來自台南新化的新化興】

台南人重視淵源與堅持傳統是出了名的，與南林一樣從台南來到旗山發展的嚴家，對於自己的店名近乎苛求，「新化興」追本溯源就意指台南新化來的嚴家興旺平安。一轉眼就是一甲子過去，他們留著原本的店名，是一種對故鄉的懷念，卻也在旗山開啟新的故鄉情結。新化興有別於原鄉有名的東成醬油，在旗山發展，沒有太多的商業氣息，卻多了不少過去醬園的魅力，走入店內，許多醬菜、釀造品琳瑯滿目，不少醬菜罐子，加上醃漬的味道，一看就是農村型態的商店經營。

新化興醬園早期名為醬油工廠，至今已有三代傳承。最早由嚴麒麟在日治時代搬到旗山四保現今的新化興醬園位置開始賣醬油，四保地區當年是往返甲仙、內門山區的必經路線，總共五戶人家的嚴家，現在雖然改成樓房，但可知道以前就是醬油工廠。「古時製醬油的功夫繁瑣且費工，一瓶醬油至少都要花三個月以上的時間才能完成，製醬油這項工作不能急，也急不得，一急了味道就偏了。」現任老闆嚴禎賢是第三代掌櫃，說起家內的醬油，時間和手工就是最好的朋友。早期嚴禎賢都是幫父親跑到溪洲、北勢仔、甲仙、旗尾等雜貨店，一間間送貨，親自上門服務，慢慢打響自家名號。有時候用農產品製作醃漬品，也是地方熱賣的商品，醃漬的土地味道也是起家的重要收入來源。

旗山南林醬油改建後的洋樓。

## 【味香醬油和醬菜雙拼】

新化興醬園最具特色的醬油是「味香醬油」，客人一詢問，老闆馬上開瓶給客人細品，開瓶時一股甘甜的醬油氣味在空氣中擴散，將醬油倒入小碟中，顏色和我們預期的不一樣，不是可樂焦糖般的可怕深黑色，而是黃豆加點暗紅的暗寶石色。用食指沾取品嘗，醬油進入口中的第一股滋味是溫而不嗆的鹹味，跟在鹹味後面的卻是甘甜得令人想再抿一口的滋味。擺滿醬油的櫃子，還有麻油、油膏等不同的商品，都是新化興自己發展的商品。

最具特色的味香醬油。

保存食物最好的方式就是醃漬，在沒有保存技術的年代，保留食物最原始的味道，防腐的做法除了糖漬，也有鹽漬。新化興自製的醬菜，有著自製自銷的精神，「一罐醬瓜可以配二天的飯籤。」早年物資缺乏，在外的販仔，也常以醬菜搭配攪鹹，這種可隨身攜帶的開味菜，除了解決經濟問題，更可以抵抗毒辣日頭令人食慾不振的後座力。過去新化興的醬菜種類可多了，蔭瓜、花瓜、爛瓜、菜心、大菜頭、鳳梨醬、冬瓜醬等，光製作這些醬菜的削皮、切塊、清洗、醃漬等手工處理就得花上好幾天的時間，醬菜的原料都直接向地方農民買。聽附近鄰居說，戰後時期台灣經濟貧困，人人吃番薯籤飯，醬菜的需求很大，附近的居民五點就到新化興醬園敲門買醬菜，而新化興醬園就從早上五點開店，到太陽下山才休息。醬油店在晨間啟動，意味著一天的開始，要用這開啟味蕾的機油，給地方的勞動者注入潤滑劑，整天的運轉才順暢。

## 【老配方代工化，吃到傳統地方味道】

六角形的品牌商標上有著新的字樣，新化興在二十年前開始，逐漸轉向小型代工經營的方式，但包裝還是以玻璃瓶銷售，瓶子退還還有折抵，以「新的經營、老的習慣」，讓老客新友都可以適應。店內自製油蔥頭、味噌、醬菜和各式醬料，緩慢且穩當的持續經營了近一甲子，依然遵循古老製作醬油流程及配方，沒有流失醬油溫鹹的甘甜，更帶有些現代人的巧思，不僅嘗得到醬油的味道，而且溫潤適中。

店內目前也搭配一些其他油品銷售，老闆坦言，兼著賣也是因為需要多元經營，應付來自不同地方的客人。店內醬菜依然親自製作，鳳梨醬、冬瓜蔭醬、黑豆蔭醬等，雖然項目不比六十年前多，滋味卻不曾改變。在地老人家每次吃到這熟悉的味道，都還要找現在不容易買到的番薯籤飯一起配著，回憶那段辛苦卻充實的過往。

目前南林醬油典藏在旗山人的回憶裡，新化興醬園用襯著旗山人的飯口香，就是移民社會帶著自己珍藏的味道，到異鄉服務更周到的精神。

### 各地方的醬油味道

台灣從北到南，有超過三百多種醬油品牌，除了看得出台灣各地的喜好，也吃得出南北東西的差異。先不談家庭中醬油的使用，其實各地小吃店使用的調味醬料，也有地域性的分布差異，這其中的奧妙，就是地方人喜歡的味道。像是北部的醬油膏醬色比較濃，味道也偏鹹，辣椒醬偏鹹，而南部的醬油膏則是偏甜，顏色比較淡，甜甜的辣椒醬則是中南部較常吃到的滋味。

屏東、高雄的麵攤，經常可以看到白兔牌、高興牌烏醋，在小吃店吃麵不加烏醋，就少了一味，而甜版番茄醬搭配關東煮，就是高雄人獨特的味蕾；台中人則是酷愛東泉牌與源美牌辣椒醬，兩個味道有些不一樣，東泉牌偏鹹，而源美牌偏甜，可以看出中部是南北交會的過渡地帶。吃得挑剔的台南口味，醬油膏不甜就砍頭，像是味高牌、東成牌以及不少小廠牌調味料的分布，都是台南獨特的生態，一些甜不辣、碗粿、擔仔麵、滷味、黑白切等要是用少了甜味的醬油膏，可真的會失色不少呢！

小鎮專門店

第拾陸店

# 淬鍊一甲子的刀與火，吉豐鐵店的新生

山裡有林木的打鐵，平原有農耕的打鐵，雖然都叫打鐵，卻是不同的領域。旗山位在山與平原的交界處，在此造就了產業的交集，這裡不只有移民，而且還有深刻開墾的民族，吉豐鐵店就是開山闢土的先民們在這交集的場域，也繼續扮演傳承開拓精神和淬鍊行動的呼喚。

## 【二十年前的打鐵青年返鄉】

「鐵紅熱的時候是你欺負它，鐵不紅的時候換它欺負你。」打鐵打出人生哲學，二十年前的返鄉青年林享旻師傅，承繼了家裡打鐵的好功夫，研究不同打鐵的製品的心得。店內放眼望去琳瑯滿目的各種刀件，從原民山刀、東南亞砍刀、大馬士革鋼刀件、斧頭、砍刀、頭目刀等，根本就是一間工藝收藏鋪。「原住民南鄒族成立為拉阿魯哇族，送給原民主委夷將．拔路兒的信物刀，就是我精心打造的。」不斷研究打製與時並進的鐵器製品和傳統用品，林師傅得意的說，吉豐鐵店就是一個傳產轉型範例。

林享旻從國中時期就開始接觸打鐵，因為父親林吉光是吉豐鐵店的創始人，從小就讓孩子在打鐵店內穿梭、摸索，也培養了孩子對這個行業的興趣，日後傳承打鐵的技術。入行後，林師傅又研究了東南亞、原住民、漢人的刀件，發現東南亞的刀型與施力點最好，不只重心往前，且質量黏手，刀骨受力平均，於是開始量產，讓地方砍柴火的農人愛不釋手。「布農族的刀比較小巧，南鄒族是頭大肚子小，北鄒族是頭小肚子大，像殺豬刀這樣。」對於不同的刀件研究，林師傅可是非常有心得，對刀件的討論，依稀可以看見每個民族的生活型態和思維。

斧頭是店內的招牌農具。

充滿林業氣息的吉豐鐵店。

## 【以斧頭做主打的開墾山林鐵店】

吉豐鐵店傳承甲仙地區的北客族群江聯東師傅的技藝，從戰前江師傅就在甲仙打鐵，製作工具開採樟腦、戰後竹子與林業伐木、開墾山地、開通橫貫公路等，甚至在山區提供原住民刀件買賣。早年林吉光就在日利打鐵店與日榮打鐵店學習打鐵技術，當學徒每天都要早晨四、五點就起來打鐵，直到中午近十點休息。「打鐵和做農一樣，也是怕熱的。」林吉光師傅說打鐵工作身邊的鐵爐就是一個大太陽，雖然在室內，但是夏天多半十點後暑氣上來，身體不太能夠負荷。在將近八年的學徒時光，他養成打鐵的專業，學成後就在旗山大林地區成立吉豐鐵店。

吉豐鐵店位於山與平原交界的旗山大林地區，傳承日利鐵店的技術，刀具和斧頭類是店內專門的手藝。店內銷售最好的年代，雖然是香蕉種植面積最廣的時候，但其實香蕉以外的其他產業也蒸蒸日上，他們賣最好的反而不是香蕉農具。林師傅說，吉豐當家的三樣鐵器「斧頭、柴刀、刈割（kuah keh）」，是許多伐竹工人的最愛，當年採收竹材，這三樣一定跑不掉，斧頭砍斷，柴刀修整，刈割清理竹子的細枝。由於內門、旗山、甲仙一帶，主要都是刺竹，因此刈割的使用，要比其他地方更多，而他們店內也因為竹子產業製作筏竹工具而生意興隆，甚至從台南、龍崎的竹業到中部的嘉義、竹崎一帶，幾乎都在服務的範圍，至今客群遍布全台，是採竹最厲害的神兵利器。

## 【與客戶合作不斷進步】

店內的每把鐵器都會打上一個太陽的圖騰，這是甲仙師傅江聯東留下的傳承，當年的店名叫做「日利」，因此是一個太陽的圖案。店內打製很多樣農具鐵器，而且到目前為止都還在增加，原因是台灣農業的種類仍繼續擴增，農業兼營的種類也越來越多，而現代人要求工具要更能得心應手，就會從不同地區的農具中找到適合的工具，要求鐵店仿造打製。像是二十年前，旗山大林地區沒有種水果，因此水果的刀器就比較少，後來才慢慢有農友要求打製，像是攀爬椰子樹的鞋釘、椰子的斬刀等都是最近吉豐增加打製的用具。老闆一句「就是要和使用者一起進步」，說明了為何夕陽手作產業打鐵業才能在社會繼續生存」，到現在依然每天客戶不斷的原因。

## 【一把刀用三十年才是農村價值】

「這就是手作工具的細膩和味道，打製一把刀，如果製作良好，真的可以用一輩子。」林亨旻說，客人在他店內打一把柴刀，刀鋒磨損後或刀子使用耗損變薄，約經歷十至十五年，而鐵店會協助以打製方式打薄延展，將柴刀縮小變成鐮刀，讓砍柴闢路的老工具變成割草用具，延續刀子的生命，之後還可以再使用十至十五年。整個週期約莫三十年，從大柴刀到小鐮刀，三十年的勞動已經是近三分之一的人生，所謂農具一輩子跟隨，其實是打鐵店一輩子的服務，回收整理再出發。

林亨旻說，當今打鐵刀的價差非常大，像是香蕉刀都是用鋼塊慢慢打製，一支要價五百元，但機械量產打製的，一百元就能買到。一般這種刀具因為價錢關係，都是熟客或比較有感的農民才會購買，但許多農民還是相信，手作的東西好用又有售後服務，可以用上大半輩子，一種減少開支等於增加收穫的生活哲學，才是農村價值所在。這種匠師和工匠的關係，才是農村永續發展的開始。

林亨旻師傅是鐵店的靈魂。

## 【農村裡的化學和物理課】

早年的工作環境，因為使用夾鋼技術，將鐵和鋼熔在一起的溫度極高，鐵要到一千五百度才會變成鐵水熔鋼，因此打製過程會有很多火星鐵片飛出。如果打赤膊就很容易燙傷，所以打鐵時都還是要穿長袖衣物，和漫畫中赤膊打鐵的畫面很不一樣。與一些傳統的打鐵店不同的是，吉豐鐵店目前專做以全鋼為主的農具，林享旻說傳統都以夾鋼來製作，但以鐵夾鋼的工具，硬度上還是和全鋼有落差。而在鋼的掌握上，他認為只要鋼能夠打得好，也可以磨出鋒利的刀件，而且比起鐵來說，鋼的硬度更高，雖然比較不好磨，但只要磨得起來，在使用上會更鋒利且耐用。

刀具要好用，得看焠火的功夫，這也是吉豐打鐵的硬底子。怎麼讓鋼材透過焠火的技術精鍊，讓原本缺乏彈性的鋼鐵，反覆焠鍊後，再用油冷卻，這些刀具韌性才會一一展現。此外像是刀柄的製作、磨輪、車床，甚至用精工、鑲貝藝術來讓作品更加細膩且具質感，都是以前的師傅沒有教過的，全是靠自己有興趣研究，才有辦法製作這些細膩的手工。

林晏同是店內第三代接班人。

## 【巨大轟鳴聲是產業持續保持生機的吶喊】

如今吉豐鐵店經營了將近六十年。問老闆，如果刀具或鐵器用不壞，客人買了用很久，不會再回來買，怎麼辦？老闆眼神堅定的跟我說：「那他就會介紹其他客人來買。」每天都會有許多客人來買農具、訂製鐵器，每次新的客製化，對於老闆來說都是新的挑戰，也促使他的功夫更加純熟。這就是他做這行的樂趣，這些巨大的轟鳴打鐵聲，就是他持續打鐵的吶喊，鄰居幾天沒聽到打鐵聲，還會過來關切，年輕人在家鄉還過得去嗎？

林享旻在十五歲就讀圓富國中時，就跟著家人一起打鐵，一開始只是興趣，但因為一直有在接觸，輾轉在當兵結束三十歲後，決定回到家承接工作，開始打鐵生活。「差不多年齡的同學和朋友留在旗山的非常少，」他當年回來就是希望可以就近照顧家人。持續打鐵工作的他，每天在家打卡上班，由於打鐵的技術和品質非常好，經常受邀打造各種客人指定的特殊鐵器，技術持續進步。

就是這樣求變又傳承的能量，讓吉豐鐵店保持生機。除了打鐵的轟鳴，店內還有一神龕祭祀「爐公先師」，牆上寫著：「爐火煉成器、鐵能變成金。」初一十五跟著土地公一起祭拜，跟著生活的作息，吉豐鐵店就在香爐與火爐的燃燒下，延續著香火爐光。

店裡的爐公先師。

## 圳水畔的產業

良好的水源，是許多地方老產業的必備條件之一，除了打鐵會用到水，也有不少傳統產業是高耗水的產業。其中水圳的流通，讓產業擁有固定且穩定的水資源，因此造紙產業、磨粉場、桐油榨油廠、磚瓦燒窯廠等產業，會將廠址設在水源附近。走入旗山十八公里的水圳，樹薯粉廠、燒窯廠與造紙廠在四周林立，但因過度的大量生產，加上水源保護與農業政策，也讓這些傳統產業停止營業。

小鎮專門店
第拾柒店

# 來新優美理髮廳，頂著復古髮型走老街

理髮，對於許多現代台灣朋友是一種舒適的享受，早年更是如此。在衛生環境不那麼好的年代，小鎮理髮廳的存在，提供了個人衛生與面容美觀兼顧的服務。新優美理髮廳是旗山僅存歷史最久的傳統理髮廳，開設在清領時期的福中街，與菜市場相連，不僅傳承老式服務，也帶著遊客徜徉過往舒適服務的產業樣貌。

## 【早年的剃頭店也叫做床屋】

從前台灣受到滿族的髮禁政策影響，男性辮髮的情況普遍，片岡巖的《台灣風俗誌》記載，台灣分為上九流產業與下九流產業，以階級代表工作者的社會地位進行階級管理，剃頭師當年的社會地位與妓女、戲子、巫師、鼓吹、抬棺者、牽豬哥、按摩師傳都屬於下九流產業。據旗山老一輩人表示，清領時期聽說剃頭都是師傅拿著剃頭工具挨庄挨戶幫忙居民剃頭，清朝辮髮造型和豬、牛的尾巴相仿，一直到近代都還會將小孩子乳名稱為「豬尾仔」，可說髮型文化影響台灣非常久遠。

旗山壽星理髮廳的孫師傅表示，到日治時代旗山的理髮生態就有一些改變。早年因為衛生狀況不好，剃頭需要接觸不少疾病，普遍工作環境不佳，但後來在日治時期大力推動基礎建設與社會制度，就經歷一些調整和改變，除了訂定良好的剃頭師

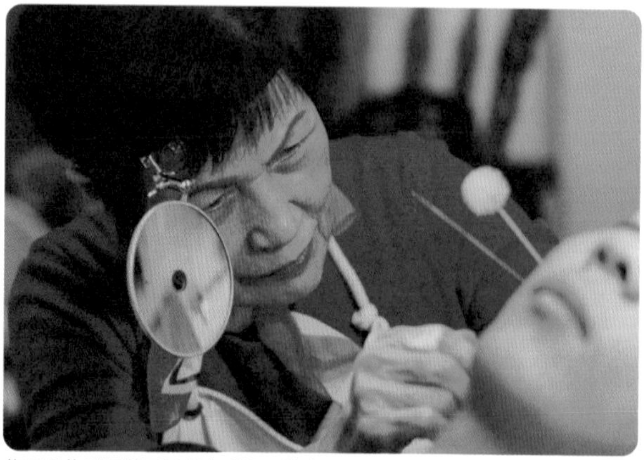
掏耳朵掏到睡著可是老客戶獨門的享受。

考試制度，也從教育著手，開始重視公共環境衛生。那時在旗山市場附近，就有兩間日治時代通過考試認可的剃頭店，分別是以日本師傅為主的新竹床和以福州師傅為主的東山床，而床屋是過去日本剃髮店的稱呼。

在大正年間後慢慢制度化，遇到清耳朵的工作，多數理髮業者還是會請客人找外科醫生來處理，可見日本人對於理髮制度的嚴格，到光復後才又恢復剃頭兼營掏耳朵的服務。

## 【旗山大菜市場是剃頭服務的重心】

日治時代的旗山雖然不算大城市，但由於這裡是日本在台灣採樟腦、製糖、開墾的熱區，各路人馬都在此匯集，理髮生意自然好得不在話下，可惜據老師傅表示，新竹床沒有留下後代經營，而東山床則是賺夠錢後就搬去高雄發展。雖然如此，依稀可以透過坊間調查，發現兩間床屋都設在旗山大菜市場的周遭或平和街上，因此可以說菜市場除了魚肉食物的交易，也是地方剃頭服務產業的重

心，現今福中街內的新優美理髮廳，也是位於旗山菜市場旁。

新優美理髮廳的老闆牡丹嬸，出生於民國三十四年，爸媽皆是圓潭當地農人，早期要幫忙家裡種稻，但因為家人鼓勵，在圓潭國小畢業後，就到當年優美理髮廳的老闆孫壽海，人稱阿海師這邊當學徒。牡丹嬸說，雖然自己年紀輕輕就入行，但在傳統社會中，剃頭師傅都是男性，因此客人都會輕蔑戲稱她們為「剃頭婆仔」。牡丹姨說，女性的剃頭師社會地位不高且接觸複雜，過去一般家庭都不希望女兒從事剃頭工作，多半怕女兒與客戶產生複雜的社會關係，選擇保護女兒的安危，也可以顧及自家的面子，而這也是傳統女性剃頭師的可貴。

## 【用日本精神要求學徒】

二戰後的台灣經濟不佳，由於理髮是額外的需求，平常較少人上門理髮，但在四月清明、八月中秋、十二月年節的三大節慶前，店內就會出現剃頭熱潮，「大家都是趁年節或親朋好友相會前好好打扮一番，跟親朋好友才有交代，」牡丹嬸這樣說。三節剃頭的盛況從早上七點開店後，經常是做到天暗再到天明，大家都等著排隊，一定要把自己打點好，才能過節慶祝。因此理髮廳的工作中，久站是一門功夫，想學剃頭，久站服務客人可是不能馬虎的必備技能，但也有許多學徒不勝久站，最後只能轉換跑道。

旗山壽星孫師傅說，一般理髮作息都是早上六點就起床，晚上十二點休息，以前師傅帶新人時都特別嚴苛，因為理髮經常要與客人身體接觸，剃刀、剪刀不長眼，技術不好就容易造成傷害，因此只要學徒做錯，師傅的拳腳就馬上送上。不少剃頭師對自己的師傅印象深刻，只要做不好一記耳光馬上下來，還要打給客人看，讓客戶放心店內的服務品質，也要教好徒弟維持專業的工作標準。「這種習慣是非常日本精神的。」牡丹嬸說，理髮徒弟要能熬過這些考驗才可以出師。熬到出師的那一天，師傅一般都會贈送剪刀工具，傳授衣缽讓學徒謀出路，而這種以日本精神出發的師徒管教，也扭轉了下九流的職業刻板印象，讓理髮師的服務品質提升，社會地位也逐漸備受重視。

## 【修面、掏耳、理髮一次享受】

出師後，阿海師想要開新的理髮廳，便頂讓店鋪，由牡丹嬸和老公將理髮廳買下經營，改名為新優美理髮廳，在民國四十八年開始營業，專營男士理髮。早期開店前，理髮用水是相當重要的，當時旗山因為日本的自來水政策，在鎮上廣設公共水龍頭，採數十戶共用同一個水源。其中一個水龍頭的位置就在新優美店門前，牡丹嬸每天要做的工作，就是提水用爐灶燒水，準備好一整天洗頭髮要用的熱水。早年沒有桶裝瓦斯可以使用，都是用一種叫做土炭的來起火，用土炭燃燒的火種，可以使用三至四個小時左右，比一般燒木材更耐久，好維持洗髮水的溫度。

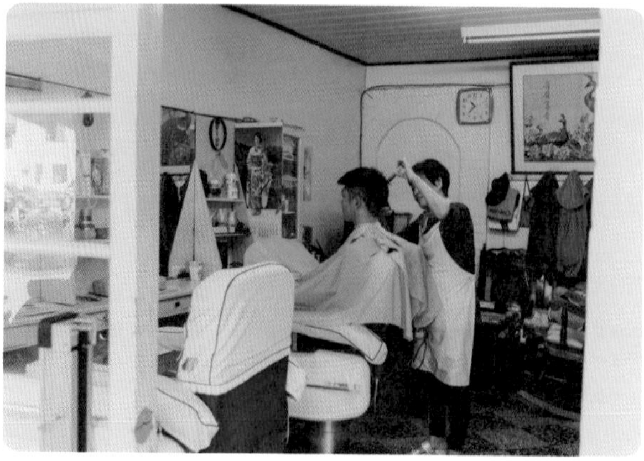

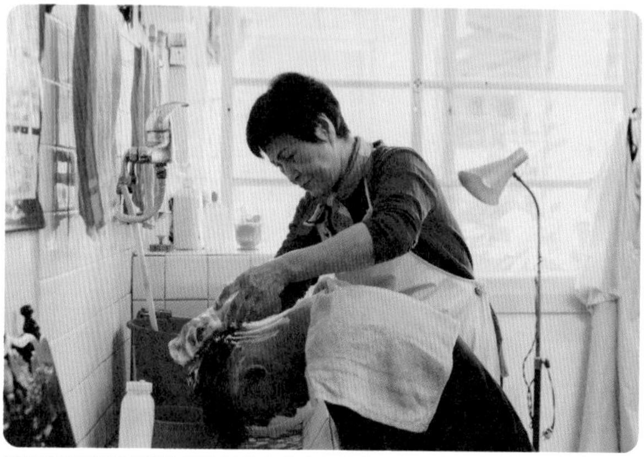

新優美理髮廳懷舊的服務讓外來的客人有個煥然一新的旅程。

在民國四十八年左右，男士在理髮廳剪頭髮約六塊錢，以當時的物價來看已經算是奢侈，理髮廳牆上會貼滿了當年流行的髮型照片，客戶進來以後會參考照片選出需要的髮型，再由老闆操刀。理髮服務中，修面和掏耳也是大多理髮必備的程序，在理髮座椅上以洗髮劑搓洗後，再坐趴在洗手台前，頭低下以熱水洗頭，一定要沖洗三次，確認乾淨後才起身用吹風機將頭上的水吹乾。如果是西裝頭之類的髮型，會再以髮油做造型。

新優美理髮廳店門。

## 【過去流行的男士髮型趕上復古新時尚】

牡丹嬸說，店內比較多人剪的分為四種主要的造型。第一種為平頭，一種短髮，從腦後到兩鬢的頭髮全部推光，上端頭髮稍長齊平。早期通常是有錢人家的小孩才會來理髮廳理髮，多半也以這個髮型為主，主要分為大平頭、小平頭和三分平頭。第二種為山本頭，類似平頭，但額頭兩側稍高，頭頂也沒像平頭一樣平，主要特色在前額剃角，也是日本黑社會曾經流行的髮型。牡丹嬸說，山本頭最困難的就是「撿門角」的功夫，要把前額的角度剃到恰到好處，還得配合頭型、臉型和髮線進行修飾。

第三種類型是「歐陸媽古」（日文オールバック的音譯），牡丹嬸翻譯成中文叫「梳背頭」，大約民國二十幾年時開始盛行的油頭，將所有頭髮順著頭型往後梳理，俐落的長度、厚度，讓人看起來更加幹練。第四種西裝頭，是從三〇年代開始，梳背頭出現了一些新的形式，像旁分就是其中一種變化。順著對角線側分，波浪形的髮流，讓俐落服貼的外型多了一點小變化，也可以中分，會有不同的特色，像五〇年代最流行的就是大波浪頭，或是因為貓王而流行的飛機頭造型，都是西裝頭的變形。

平頭的功夫在剪工上，西裝頭和歐陸媽古則是剪工加上了造型的整頓，店內小小的復古吹風機，都是體積小、出風熱度高的造型吹風機，早年沒有太多的化學造型品和男性燙髮，吹工造型搭配髮油的使用就特別重要。

## 【來趟復古髮型之旅】

新優美理髮廳已經走過五十六年的歲月，關於未來的走向，牡丹嬸說：「現在的年輕人比較少會來理髮廳剪頭髮，髮型隨著時代而演變出不同的造型，現在大多會去新型理髮店剪髮，因此客人不比以前多，但還是有固定的老客戶來光顧。」在東京、紐約都興起復古髮型的趨勢，知名的「MR. BROTHERS CUT CLUB」復古髮型的店面已經變成年輕人必去朝聖的據點。標準的復古髮型、不變的髮油香，在文創當道的現在，不妨找個機會來體驗看看，剃髮逛市場也是一種小鎮趣味，期待這樣的產業被賦予新生命，延續理髮廳的新生命。

### 剃頭店的演變

清治年間，台灣的剃頭師傅受到漢人移民文化影響，通常背著扁擔，挑著剃頭五斗櫃，並還有面盆和燒炭的火爐，普遍使用剃刀來剃髮。礙於早期民生衛生不佳，理髮業除了剃髮外，也搭配眼、耳、鼻等處的清理，打理門面。日治時代日本人導入公共衛生的政策，才針對理髮行業訂定辦法與認證，除了制度化職業的工作規範外，也鼓勵人民去除髮辮，歸順日本政府的統治，這也讓台灣理髮的需求大量出現，擴大理髮行業的發展。此外，理髮行業也逐漸從游擊方式，變成定點的服務，店面有牛皮的理髮椅、痰盂、菸灰缸等設備，提供更多舒適的服務；理髮師也會準備消毒的器材，像是以蒸氣消毒毛巾的吹床（蒸籠）及使用高溫烹煮消毒刀剪設備，讓理髮走向專業。戰後，由於人民經濟與生活品質逐漸提升，加上理髮人才的養成與營業制度逐漸完整，一些理髮的工具也加入電氣功能，理髮椅還有兼具按摩功能，大大提升理髮的享受。理髮廳的地位提升，也開始帶動台灣消費香水、肥皂等產品的品味商品與數量，讓理髮業的雛形逐漸清晰。

小鎮專門店

第拾捌店

# 充滿過渡色彩的戲院，圓潭移民的短暫享受

「早期戲院都會在最後二十分鐘把門打開，讓大家進來看戲尾。我小學放學，都會和同學一起趕著離開，走路隊去看戲尾。」我家就在戲院旁邊不到二十公尺，一天演出三場的圓潭戲院，在下午時段播放的最後二十分鐘，剛好是圓潭國小下課的時間。成群穿著國小制服的小朋友，背著書包穿梭在戲院前，是一種短暫解渴，讓人上癮的時光，如一場及時雨般喜獲甘霖。

## 【處於過渡帶的移民村莊】

說圓潭的戲院是座移民戲院一點都不為過。百年前，圓潭地區被楠梓仙溪調節水量的濕地與湖泊占據，過去的地貌包含十幾公頃的湖泊和數十個潭水，後來隨著河川改道與泥沙堰塞，湖泊地才慢慢變成良田與沙洲河階平原。

青果合作社圓潭辦公室與戲院建築。

圓潭庄頭前的六張犁有個太祖祠，證明這裡確有平埔族群移居的痕跡；一旁的中正里、雞油腳一帶，百年的客家鸞堂，就是客家族群最好的棲所；還有因為糖廠來此開墾的移民，以及不少因老少戀結婚而定居的外省阿伯。走在營區附近的巷弄，聽到操著江浙和四川口音的伯伯，會向你熱情的打招呼，庄頭中還留下了好吃的蔥油餅與包子饅頭等北方麵食。生活中還經常有演習、軍車、戰車，遠方靶場不停傳出像放煙火般的音效，偶爾出現沙塵飛灑出靶場，以及來來往往的軍眷和移民，許多圓潭的居民早已習慣這裡是兵營所在地。

這裡的移民，有甲仙下來的、有翻越烏山從台南來的朋友、也有中秋節會搬椅子、越過標高二百多公尺的四葉山回美濃廣善堂看戲的客家鄉親，你無法想像各路人來到圓潭，讓這個庄頭街道成為他們第二個故鄉那種擺渡人的闌珊，也成為一種圓潭傳統。

## 【移民戲院的快閃光景】

二戰後隨著山區的開墾、橫貫公路的需求、台糖種植甘蔗的經濟，以及旗山每個人都瘋香蕉的事蹟，在民國五○年代逐漸達到人口的高峰，比起其他庄頭，圓潭的發展算比較晚才開始。圓潭戲院的成立，大約就在旗山產業具備吸引力，讓全台趨之若鶩的時候。民國五十二年左右，戲院開始營業，但在隔年就決定結束營業。短短兩年的光景，雖採包場制的經營，但因為離鬧區遠，導致鮮少旗山人知道有這麼一間隱藏版的戲院，後來雖然不再繼續經營，但它的存在卻是旗山經濟發展蓬勃的一大證據。

戲院現址側面。

圓潭戲院是旗山最晚建的戲院，位於現在圓潭青果合作社建築的旁邊。現今的青果倉庫，就是戲院建築的前半部分，後來青果合作社來設立「旗三辦事處」，才向戲院地主購買土地進行改造，把戲院切成兩半，留下其中一段利用成倉庫。聽戲院旁邊的盧小姐談起，圓潭戲院的空間非常大，比起其他的戲院，沒有細膩的立面牌坊，也沒有位於交通要道與市區結合，但建築空間挑高，可容納將近八百到一千人，是它「實用」的地方，只能說受到戰後建築風格影響，實用主義當道，也影響了戲院的建築風格。

## 【見證戲院興建、經營的地方人家】

「在盧家種的百年芒果樹旁，早年是空曠的台糖蔗田，還有簡單幾排日本木造宿舍。」盧家後裔盧秀玉說，五十年前，只有盧家和歐家在此定居，但圓潭附近有許多移工，多半是甘蔗工人或是要前往杉林、甲仙一帶的採木工人，附近也有許多軍營，從中國逃難來台的軍隊也駐紮在圓潭，人數不少。在戲院旁的歐老爹說，當年來看戲的，多半是附近軍營的人，還有從大林、大埔、西圓潭、口隘、溝坪、木梓、杉林等騎腳踏車來的人，小時候歐家會用自家前的三合院空地，替看戲觀眾保管車輛。一台腳踏車保管費五角，買一台車卻要二千元，大家怕車子被偷走，都願意付租金請人保管。歐家用木頭刻號碼牌，一個放車上做記號，另一個對號的牌子給客人，客人看完戲再用這個牌子來牽車。

圓潭戲院由旗山戲院的放映師老牛開設，當地人都叫它露天戲院，是誰開設已經很難考據。戲院的經營除了包場或排演偶爾也會搭配勞軍活動，讓附近的軍眷有機會看上幾場電影。華山營區、嵩山營區、泰山營區都是戲院的常客，也有在地方工作的移工，因為夜間沒有消遣活動，會來看一場電影。提到過去對戲院的印象，盧小姐說，在現今的倉庫內還有木地板的戲台，戲台的兩側也有許多小房間，是給來此表演的演出者臨時住宿的地方，而後台也有小空間可以替換戲服，非常方便。戲劇的檔期不一定，有時候會住上十幾天，所以戲院會提供表演者簡單的住宿空間，整體空間除了播放室外，舞台兩側還有許多小房間，隨片登台的人、歌舞團就可以在內

圓潭戲院內部狀況依稀可見舞台的痕跡。

舞台痕跡近照。

戲院早年的木椅。

換衣服，也可能是放映師來此住一晚。

因為從小就在戲院玩耍，盧小姐對戲院空間的印象是平面的，戲院的梁是鐵構的，外觀沒有華麗的裝飾，看起來比較像倉庫的格局，戲院內有一個小空間賣點心，就在入口旁的角落。回憶戲院的經營狀況，看一場電影約一塊錢台幣，內裝的椅子，是由長條咖啡色的木頭組成的長椅，還有靠背。聽附近人說，當時戲院解散，因為覺得戲院長椅舒適，不少民眾都來搬椅子回家。

## 【流浪三兄妹素人登台】

當年圓潭戲院除了電影的播放，也有歌舞團、歌仔戲演出，電影也有隨片登台。盧小姐在十一歲印象最深刻的，就是民國五十二年上映，永達影業公司的《流浪三兄妹》電影歌仔戲，這部片子觸及到台灣許多家世清苦的家庭，又是普遍講台語的台灣人共同回憶。她因為小時候常走吊橋，看到電影中孩子冒著大風大雨在吊橋上找媽媽，吊橋很晃又不得不過，印象非常深刻。

《流浪三兄妹》來旗山播放，也有隨片登台，三個演小孩子的演員，因為演技逼真，很受到觀眾的歡迎。但排一場戲要多少錢，盧小姐已經不太有印象，但是，那幾個小演員隨片登台，社區很多人都去看，這也成為她童年深刻的回憶。

## 【戲院的短暫生命】

那個時候，電影院的場次是早上演一場，下午演一場，晚上再一場，一日共三場。晚上戲散的時候大約九點左右，歌舞團有時來圓潭演出，一演就是好幾天。

盧小姐說，演出人員就住在裡面，因為女生都是短髮西瓜皮，不可以留長，但當中有一個小生，可能沒有在學校讀書，留著長髮，外表令人眼睛一亮，他從戲院內走出來到圓富國中對面買東西，令人覺得不可思議，因為對觀眾來說他是戲中人，但他原來也有買東西、吃東西這些走入生活的時候。

約民國五十五年，據住在附近的歐先生表示，戲院生意當年都還算過得去，但是因為兼營脫衣舞的演出，遭到民眾檢舉，才讓戲院無法經營。戲院只存在短短的二年時光，問起在地人也不一定知道，現在藏身在青果社辦公室旁那座不起眼的倉庫，就是圓潭戲院昔日的建築。附近的腳踏車停車處，現在則是鐵門拉上，土角厝風華不再，這戲院也隨著農村人口外移的腳步，悄悄離開圓潭這片土地。

### 戲院的空間經營

戲院的使用，初期其實是做為戲劇演出的場域。台灣早期以歌仔戲為主，都會設置戲台空間，後來隨著電影的發展，逐漸增加播放電影的比例；後來受到西方文化的影響，也開始出現舞台劇、新劇的演出，或者有歌手隨片登台時，將戲台變成舞台，讓樂團與歌手在此表演。除了經營「正業」以外，戲院也提供場租服務，經營比如軍團部隊的召集、里民大會、政令宣達、代表會議、廟務會議等大型集會。也因為這樣，許多戲院會透過軍警招待券、公務人員公關票的發送，讓空間的經營更多角化。

小鎮專門店　第拾玖店

# 飯桌仔中的刀子師與小鎮的辦桌公司

車外冬季的夕陽在山頭隱沒，我們順著旗山街區往北，在一間頂著灰白日光燈的瓦房停下，燈管旁環繞著飛蛾，在光影散射下更能感受木造瓦房的歷史感。燈下站著一位身穿灰色小碎花，背脊微彎的阿嬤，她手拿飯匙來回走動，身體向前踏著輕快小碎步，一邊招呼木桌喝酒的客人，另一邊開蓋飯鍋處理其他客人的料理，手腳俐落的身影在孩童眼中有些帥氣。這是一間九十年以上歷史的「飯桌仔」，用料理陪伴外地人留下在地的鄉愁。

## 【旗山金長與飯桌仔】

飯桌仔是旗山小鎮庶民外食的經典！不是自助餐，卻備好一碗公、一碗公的料理給客人夾取；不是麵攤仔，但店內賣多樣的麵食、粄條與米粉；不是清粥小菜，但早上也會賣粥品與醬菜。飯桌仔的多功能性，源於小鎮庶民工作的多樣性，清晨農工米食的飲食習慣、中午逛完菜市場的旗山居民、晚上家庭的聚餐或學生族群，從中可見不同職業的飲食生活。

說到飯桌仔，旗山目前僅存的兩間傳統店家，其中一家就是金長興飯桌仔，又稱基教仔。創立金長興的刀子師林基教師傅，從日治時期就於現在的四保經營飯桌仔。早年金長興早中晚各有不同客群，清晨四點半住在隔壁販仔間的販仔，陸陸續續挑著扁擔來吃早餐，有賣竹筍的農民、賣膏藥的拳頭師、甚至有遠從台中來旗山賣線香的販仔，清晨早餐店好不熱鬧，用餐後準備去大菜市場各憑本事做買賣。早上十點半左右，住在附近的居民以及逛街的群眾漸漸來金長興用餐。晚上則多是酒家、茶室的客人，如文中路的金廣園、五保街的朝鮮町酒家、四海茶室等店的客人都會來用餐。直至凌晨一點多，剛下班的酒家小姐想輕鬆一下，相邀來金長興吃點小菜，也成為深夜細語相談的好地方。

金長興飯桌。

飯桌的菜單要動口才拿得到。

## 【總鋪師林江山手中的台灣料理】

除了金長興，另一位刀子師林江山，日治時代從湖內來到旗山，在親戚開的東雀樓學廚藝。當時旗山郡熱鬧非凡，外食需求隨社會經濟成長而增加，精緻飲食的酒樓與日式旗亭四處林立。在酒樓與藝伎把酒言歡、吟詩吟唱、舞姿翩翩，是仕紳的雅興，也是商界聚會重要的社交活動。林家後代林嵩木說，「我父親拜師時就住在東雀樓裡面，每日從基礎的選菜、切菜、挑水學起，幾個月甚至半年後，才開始做一些簡單的料理，由於是親戚家開的酒樓，老闆不藏私，學到二十歲很快就成為東雀樓酒家正港的師父了！」

「台灣料理」一詞最早於明治三十一年（一八九八年）《台灣日日新報》上出現，之後在許多博覽會中都曾出現料理師現場製作台灣料理的場面，如一八九八年嘉義博覽會、一九〇三年大阪博覽會、一九一六台灣勸業共進會。一九三四至三五年《台灣日日新報》增設了「台灣料理法食譜」專欄，由此可知當時社會風氣對台灣料理有一定的定位及嚮往，而這些料理在旗山則經常表現在酒家的掌廚上。林家後代談到，當時五柳枝（魚）、燒雞管（雞捲）、紅燒鰻、杏仁豆腐、香油雞等都是酒樓的台灣料理。

林家還有一道拿手好菜——布袋雞，在不傷害雞隻外皮下，把身體內的骨頭取出來，完成後整隻雞就像布袋一樣，雞內可以填裝藥材、食材清蒸，塞不同料會有不同的滋味，這些源自酒家的拿手台菜，味道多變好吃，都是林家出名的辦桌手路菜。

## 【三大刀子師合夥辦桌公司】

一九四五年國民政府撤退來台灣，由於反攻大陸的信念，在一九四六至四九年相繼頒布節約運動相關辦法，嚴重影響當時台灣的酒樓營運，更在一九四九年制定「酒樓茶室改設公共食堂公共茶室實施辦法」，將酒樓與茶室改為公共食堂，嚴禁食堂內有陪酒、唱歌、獻藝、謔笑及其他褻蕩之浪漫行為，且對於不同人數用的菜、湯數及價格都有明確規範，如一人只能吃經濟餐、四到六人四菜一湯且經費不得超過新台幣三十元，違反者罰緩，最重會將酒樓勒令停業。

在這樣的時代背景下，許多旗山酒家難以經營，料理師傅也紛紛離開酒家，到旗山街上擺攤賣吃的。三十多

小鎮中的旅行有老台菜的陪伴。陳文英提供。

歲的林江山也離開了東雀樓，找來林基教、蔡石城兩位刀子師討論，決定三人聯合開一間旗山辦桌公司，即「三公司」，一起做料理生意。若問起旗山八十歲以上的耆老，大家都一致稱讚三公司的辦桌菜色細緻、刀工精美，且師傅態度從不馬虎，轟動旗山小鎮婚宴、廟會各個地區。就此三公司的盛事開始！

## 【人客系甲辦桌，三公司系出武場】

當年刀子師都是大清早，帶著兩把磨亮的菜刀與一支勺子來到宴客的地點，而現場早已擺滿主家向鄰里借好的八仙桌，桌上擺了主家準備好的新鮮肉品及蔬菜，旁邊更有活跳跳的土雞啼叫。林江山在確認食材後，也邀請主家的婦女們從家中拿出菜刀，協助刀子師切菜、殺雞、剁肉等的備料工作，灶邊燒材的火頭軍控制火候，空氣早已瀰漫燒柚子木香，刀子師鍋子一放，全庄頭的參與及協助一起準備，食材都到位，一家的婚宴辦桌才正式開始。

早期「出師仔工」的辦桌模式，宴請客人的主家至少要忙碌三天，第一天準備辦桌的食材、跟厝邊隔壁借八仙桌，第二天辦桌宴請賓客，結束後下午還需補請早上幫忙切菜的社區婦女，第三天，主家還要再煮一頓飯謝謝借八仙桌的街坊，因此一家的喜宴其實是全村子的事情。

林家後代回憶起當年的辦桌工作，印象最深的是到六龜原住民部落，山上的人家都沒有椅子，主家只好自己去山裡面砍竹子做竹椅、竹桌。「辦桌前一天帶著食材上山，那是我第一次去原住民部落，才知道原住民會跳舞、喝酒一整晚，我們帶上去的豬肝不小心被切走了一片下酒。由於隔天就要辦桌，怕食材又不小心被切走，夜晚我們都不敢睡，就這樣看著她們跳舞喝酒到清晨。」這樣趣味的辦桌旅程，刀子師在族群間通婚擔任了串場的角色，促成親事又維持專業，真是過去職人的生活趣味。

三公司的合夥人合照。林嵩木提供。

一九六〇至七〇年左右隨著台灣資本主義發展，社會思維講求專業分工，過去農村社會的出師仔工、出料過於繁瑣，演變成總包的模式，辦桌的食材、小工、大工、師傅全部由總鋪師包辦。因此社會上開始出現租借桌椅的公司，有些刀子師甚至乾脆自己買下桌椅，這個階段是旗山辦桌的最高峰。

辦桌師從流浪的劍客，變成全能的武人，對於辦桌的熱情卻未曾改變，林家後代回憶起當年，「你們說是辦桌，我們是說上武場戰鬥。」突然腦海浮現出辦桌的樣貌，面對近百桌的料理，在大火前沒有任何喘息的空間，南部炎熱的夏日浸濕了衣衫，每個動作連貫持續，就是為了將料理精美、準時端到客人桌上。宴席不是辦桌，而是武場。

## 【辦桌不可或缺的查某工】

七〇年代的台灣錢淹腳目，也讓辦桌成為更加興盛的場合。早上九點，旗山農會前聚集許多妙齡少女，吸引不少旗山來自外地的男性目光。少女們向農會一樓準備辦桌的師傅打完招呼，便開始將附近八十張的桌椅，扛上農會三樓布置辦桌場地，她們做事相當俐落、勤勞，沒多久桌椅就全數搬完了。這些女性是三公司請的「查某工」，中午在農會三樓準時辦桌。

那個時候，辦桌請的查某工，大多來自旗山的溪洲庄，從前旗山街區的人就對溪洲庄女性相當讚賞。旗山人口耳相傳：「內門的女孩是美麗、溪洲的女孩是勤儉。」可能和溪洲庄長期種植大量香蕉有關。溪洲的女性，在照顧家庭的同時也要幫忙務農，所以做事不拖泥帶水、勤奮刻苦。後來，溪洲庄查某工形成一個專接辦桌的網絡，只要連絡一位負責人講明人數及時間，其他的好姊妹們就會相約出現。

一位女性固定負責端四桌菜，端一桌菜五元，總共可賺二十元，最後收一收辦桌現場，約下午三、四點可以到家，林家後代林嵩木說，這樣的模式其實剛好符合一些媽媽的作息，早上七點送小孩上學，下午四點接孩子回家，所以當時查某工孩子讀國小的也不少。

## 【刀子師的舌頭要嘗得出產地與火侯】

一個好的刀子師，一定要有好的舌頭。這舌頭能分辨旗山溪洲庄與內門豬肉的差別、能分辨台南雞與旗山雞的不同，這條舌頭也是一把量尺，丈量社會大眾的飲食喜好，該用什麼原料，該做什麼料理！

辦桌菜有分熱天菜及冷天菜，熱天菜適合熱天食用，出菜比較清淡不油膩，通常喜愛搭配海鮮，例如海鮮羹、七捆肚。冷天菜就是冷天食用，菜色味道要醇厚，油脂比較多，例如麻油雞、五柳枝就屬於冷天菜。菜單其實每個刀子師的火候變化不盡相同，配合他人的需求靈活變化。飲食文化的有趣也就在此展露無遺。

林家後代談到，同樣食材來自不同產地的風味也不一樣，溪洲庄的豬肉吃起來澀澀的，內門與美濃的豬肉口感比較溫潤。由於過去溪洲地區香蕉產量居旗山之冠，豬農都將不要的香蕉假莖剁碎餵豬吃，相較內門種植許多地瓜，豬從小就吃地瓜、地瓜葉，身上的油脂比較多，比較好吃。一九六三年台灣開始從美國進口大量的白肉雞，白肉雞生長快速，肉質口感鬆軟，水煮久容易爛，但剛入口時大家很喜愛，刀子師的舌頭品出白肉雞口感鬆軟的特性，運用在油雞上而非湯品上，當時也廣受好評。

## 【辦桌傳人尚存旗山街頭】

三公司的三位創辦人，後來因為自立門戶，在八〇年代就解散。林基教的後代回四保地區繼續經營飯桌仔；蔡石城的後代，在旗山延平路上，搭配旗山百年米粉店，開設沒有招牌的紅糟肉小店，成為旗山無店名的特色小吃；而林江山家族持續辦桌到近期，才宣布退休，但手藝仍舊犀利，只要是前往做客的朋友，都難以忘懷。

延續辦桌歷史至今的，除了上述兩家外，還有內門的祥龍辦桌、宜芳魷魚等店家，希望從這些不使用再製食品的古早味菜色上，能夠讓客人感受到刀子師的堅持，看見老員工和老顧客的相依相扶，讓故事和氣味能在這個世代延續。

### 在南部要找好料的，先學會叫刀子師

一開始做旗山飲食的田野調查時，受當時的電影影響很深，稱呼外燴師傅為「總鋪師」，但師傅們總冷冷回應，「對啦，嘛是有人這樣叫啦⋯⋯」但隨著田野時間增加，發現南部人很少會說總鋪師，老一輩都是說「刀子師」，或是師傅自己謙虛叫自己「煮油湯欸」。而當以刀子師稱呼師傅時，時空似乎回到六十年前，談起辦桌、拜師種種辛酸過程更加熱烈。對他們而言，「刀子」的稱呼是人生的過程，經過三年四個月的拜師、經過種種辦桌武場洗禮，才能稱為正宗的刀子師。因此大家來到南部，刀子師這台語一定要先學會，才能真正找到好料的！

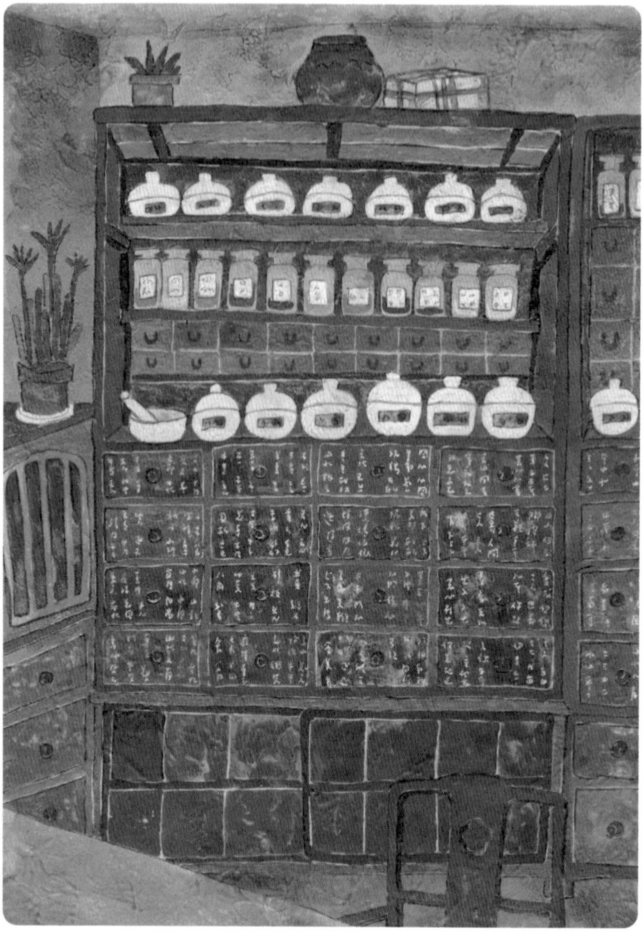

小鎮專門店

第貳拾店

# 漢藥文化的延續，就是乾元的老配方

從中藥店「抓一帖藥」滋養、調整身體，不知道從何時開始，就鮮少在日常生活中聽見了。回憶童年時日頭下曬著藥材的店家，讓小鎮巷弄瀰漫著濃郁香氣，也慢慢變成看中醫師吃科學中藥藥粉的氣味。從日治時期到現在還持續經營的「乾元漢藥店」，就是一味還可以感知漢藥留存的小鎮清香。

## 【旗山從前最美的洋牌樓】

旗山最美麗的洋牌樓，在一九九〇年成為絕響，那是旗山蕭乾源詩人的老厝，也是乾元漢藥店的原址。藥店開在旗山五保地區的中心，經營中藥的中盤批發與零售，建築物由蕭水連興建，當年從事中藥貿易的生意，總共三間連接的洋行兩層樓建築，有著氣派的大陽台與釉瓶飾欄杆。

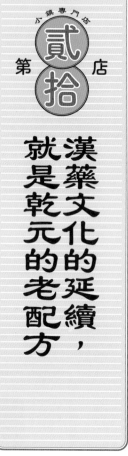

「阿祖從中國來就到旗山發展，堂號福建南靖」，聽現在漢藥店三代經營者蕭振中談到，過去蕭家剛開始在旗山發展就已是大戶人家。二代蕭乾源在旗山經營稻米生意、菸草酒類買賣，也是日本人積極招攬的對象，後來戰後和朋友合開中藥商行，投資中藥生意，賺了不少錢，讓乾元藥行在民國三十九年於洋樓開業。民國四十三年蕭乾源考上中醫師，開始行醫到地方看診，至今乾元藥行已經有七十多年歷史。和蕭乾源同一個時期考中醫師的，還有旗山公有市場旁的「濟生堂」黃再連與旗山車站旁「大安藥局」的顏公住，這幾家也是現今旗山僅存的漢藥老店。

旗山最美的洋牌樓，蕭家老宅。蕭振中提供。

乾元藥行舊照片。蕭振中提供。

## 【旗山五保地區的老店大集合】

五保聚落的大姓，主要以吳、史、龔、莊陽、蔡、阮等為主，昭和年間，蕭乾源在蕭家老宅旁開業，另外還經營西湖公共食堂、天外天酒家等。以往從蕭家洋樓一直到四保橋頭，放眼過去都是蕭家的土地，盛況可見一斑。後方還有個俗稱「九間厝」的小聚落留有旗山與內門先民移民的足跡，附近有四海茶室、東雀樓酒家、朝鮮町等不少特種行業，可說是旗山的紅燈區，夜生活多采多姿。

由於蕭家老宅前方的文中路也是行經

漢藥最重要的是藥材的泡製過程。

內門、玉井、台南的必經之地，客運車班多，聚落到旗尾溪是一望無際的香蕉園，不少孩子會在天氣炎熱的季節，穿過香蕉園跑去溪邊玩水，這也是當年五保聚落的共同記憶。

## 【乾元藥行的綜合經營】

蕭乾源通過中醫師檢定後，藥行除了藥材買賣也兼顧看病把脈的業務。「爺爺蕭乾源一早六、七點開門，都會走路去買個油條、豆漿再走回來開店，大概在九、十點關店」。蕭振中說，過去蕭醫生替人把脈看病，最擅長的就是眼科疾病，在醫學分科還沒有這麼細的年代，很多客人都因為眼科問題在乾元藥局得到很好的舒緩。店內進藥材，早年都是以卡車運送，不像其他的貨物用火車載運，他們向台南的大盤商進貨，一整卡車的藥材再運送到旗山，有的堆在蕭家的洋牌樓內，之後零售商叫貨，再由蕭乾源的兒子開車運送。藥行過去生意相當好，請了非常多的員工，店內忙著整理藥材、裝貨、跑業務，非常熱鬧。

從前藥行零售服務客人都是以旗山地區為主，批發生意也會有自家業務到各地藥行洽談，或者是由廠商來旗山批貨挑選。因為藥材買賣公道，因此有許多地方的藥行都會來購買尚未加工泡製的藥材，再由貨運行協助運送到各藥材行進行加工零售。

大家一起了解藥材。

## 【搓藥丸是漢藥店孩子必學的功夫】

漢藥店子女成長的共同回憶，就是兒子在店內幫忙藥材加工，女兒協助家務事，或是照顧孩童。回憶起小時候的工作，蕭老闆很得意的說，家裡大家用腳配合碾粉器來把藥材碾碎成粉，這些工作和動作就是他熟悉的童年印象。

藥店的孩子會幫忙搓藥丸仔，通常都是將藥粉和蜂蜜一起煮過，再配合藥粉搓揉成球，這些煮過的蜂蜜可以讓藥丸防腐，也是最天然的製作方式。「好的藥丸外觀看起來黑金閃閃」，就是使用好的蜂蜜配合藥材，經手工製成的商品，像是一些成分固定的藥品，如四物、六味地黃丸、還少丸、四物、八珍、十全等都可以製作。

「現在的藥丸，不少因為節省成本，會添加防腐劑，但古早就沒有，在搓揉的過程，怎樣讓藥丸大小差不多，又凝結成塊不會硬掉，經久擺放不容易壞就是各家的基本功夫。」蕭老闆說，當年藥丸也要在乎口感，好不好吃客人都知道。如果藥丸過硬就容易成坨、太軟鬆散就沒有口感，無法長時間咀嚼，因此把藥丸做得「Q彈」也是一門功夫。

## 【蕭家的輝煌和沒落】

除了做中藥生意，蕭乾源還是詩人，經常在家作詩吟頌，並邀請詩人朋友來聚會，美濃清朝秀才朱阿華、朱頂育、旗山鄉土文學之父黃石輝都是常客，也會邀請不少能人雅士來做客。因為自家經營天外天食堂，經常辦桌款待，其中也與地方仕紳成立旗美吟社、旗峯吟社、旗美聯吟會，經常在家吟詩作樂。

因為借款擔保，蕭家老宅面臨被拆除的命運。後代說，蕭乾源因為信任朋友，把農會存款印章託給農會行員好友保管，在那個年代，行員利用人多半不識字，不會寫提款條，在代為處理之時，順便把借錢本票摻入簽名，然後用假冒名義蓋上保證人的印章，捲款逃走。在民國四十至五十年間，蕭家陸續抵押了好幾百萬元，根本是天價，只好變賣蕭家的洋樓和其他土地、財產，而藥店也離開五保地區，移至現址東新街的店面。

## 【漢藥產業需要突破邊緣化的現況】

傳統漢藥產業因為時代變遷，正在流失，由於食藥法的限制，店內已不能夠製作藥丸。「藥師法」還準備修正，限制中藥行以後不能抓藥、煎藥、切片、熬膏等行為，這對於傳統產業的影響非常巨大。「漢藥店的生活還能否延續特色？當中或許不只有文化的影響，還可能讓市場被壟斷。」漢藥千年來的發展，從中國到日本、韓國，我們看見在科技上中國的漢藥在全世界頻傳佳績、韓國以漢藥為主題的電影《大長今》的文化行銷，但在台灣近年中藥行卻是關的關、倒的倒。

偏西藥的醫療制度讓傳統藥材店繼續營業的寥寥可數，這些老產業正面臨無法傳承的局面。到底是老東西過時還是需要換句話說，考驗著這些產業有沒有意願轉換跑道延續價值。幸好，現在的乾元老闆娘曾學過青草熬煮，將漢方的養身食品結合地方青草茶，搭配銷售特色的茶品，是乾元藥行現在的另一個特色。烏梅汁、參茸茶、養肝茶等清爽且美味的養身飲料，除了老客戶會購買藥材，也有新的客人來店內消暑解渴。在小店內延續蕭家百年來的堅持，讓顧客來此消費的不只有商品，而是懷念蕭家、懷念文學，也懷念地方的感受。

## 當年小鎮有錢仕紳的娛樂——擊缽吟詩

清朝時期，受到古典詩詞的文化影響，不少台灣人開始成立詩社及頻繁的聚會，以古詩吟唱做為基礎，匯集不少人以「擊缽吟」的活動來吟詩對唱。後來在日本高壓與懷柔的政策統治下，台灣人以文化革新的運動取代早年的武力鬥爭，具備娛樂性的文學，受到全台文人雅士的喜愛。「擊缽」兩個字概指詩人之間的詩藝聚會，大家喝酒拿著缽筷，在酒酣耳熟之際，透過創作漢文詩的交流，來聯誼交際。也因為來參與的人多半是地方仕紳，家內普遍富庶，酒後吟詩容易拉攏，當然也成了平民攀附權貴的管道，索取唱酬賺錢，也有不少人因為這樣的活動沉迷於酒色。全台著名的三大詩社，包含台北瀛社、台中櫟社與台南南社，定期都會有擊缽吟詩的聚會，社員多半都會相約在自己的屋宅、地方廟宇、別墅、著名林園、地方的公會堂、台灣名勝等聚會場所，甚至有不少日籍詩人，因為對漢學的喜好，也會一起參加詩社的相關聚會。

小鎮專門店

第廿壹店

# 美麗的樣貌，洋裁手工女裝的小鎮風情

六、七〇年代的鎮上，不時會傳出裁縫機及拷克機噠噠的聲響，百褶裙、小洋裝、連身套裝掛滿女裝店面，一套套量身訂做的服飾，穿在女人身上格外動人，屬於一個時代手作衣著的感動。台灣女裝由過去的漢民族、平埔族、原住民衣裝，經過多次政權轉變逐漸西化，才成為今日女裝洋裁專門店的樣貌。

## 【閃光燈下的時尚女裝】

女裝樣貌隨著不同年代變化演進，在二次世界大戰期間，日本政府希望將台灣與中國漢民族服飾區隔，除了在小學增開「縫紉課程」教授和服製作外，更大力推廣西化服飾，將和服及洋裝塑造成流行時尚的象徵，從服飾文化全面改變台灣人的審美觀。

戰後國民政府來台，提倡節約政策，鼓勵人民節儉的生活品德，倡導補破衣、破褲、修外套等，認為台灣女性不用再學習如何製作和服，便將日治小學的縫紉課程併入家事課程內，教授女性基本縫紉技術來因應節儉政策，此時的女裝就以旗袍、洋裝、大衣為主要審美代表，讓台灣女裝訂製做好完善的準備。

## 【時裝是現代女性職人的一片天】

隨著台灣成衣業漸漸起步，並在資本主義浪潮下，加上「家庭即工廠」的政策推廣，在旗山誕生了不少紡織時裝產業。為了提高台灣紡織產能，技術人員與加工師傅的養成，除了在小學需學過裁縫外，畢業後還要到裁縫補習班及洋裁師傅處進修，再從加入工廠、店鋪到自己創業，慢慢打出自己的市場。

蔡女士是旗山的都麗美服飾的創店師傅，曾遠到台北知名的登麗美安學院學習洋裁。「當時登麗美安位於台北羅斯福路上，同期學生來自全台各地，最遠甚至從香港來學師。」那時是紡織業的黃金時期，蔡女士說，登麗美安兩年的學費要十萬元，以當時的物價，已經可以買兩棟房子，女裝的學習趨之若鶩可見一斑。在補習班中從初階的裁縫基本功、中階的車衣、高階的抓布、冬天外套、大衣等，每

登麗美安學院結業照。蔡廟玲提供。

補習班學習洋裁抓布。蔡廟玲提供。

個階段都有考試，每通過一個階段，學院甚至會幫學員拍畢業照以資證明。

相對於都麗美女裝店，一旁的阿燕時裝店老闆娘阿燕姊，則選擇到高雄鹽埕大溝頂拜師。為了能夠盡快出師，擔任學徒的時間不像製作西裝與旗袍要耗時三年四個月，學習裁縫只需一年時間即可，若學打版與裁縫就要花上兩年。回想當時做學徒的日子，每個辛苦的畫面阿燕姊都還記憶猶新，在一年內學足功夫，白天學製衣、晚上學裁布打版型的出師過程，彷彿一場試煉。

時裝業的經營另一半的支持特別重要。

女裝洋裁家庭即是工廠。

## 【當上裁縫師挑戰才正開始】

「女裝衣服款式多樣且隨時代潮流不斷變化，當年拜師學的版型、車縫方式馬上就難以應對市場的需求。」從登麗美安畢業的蔡女士說，她到台北程憲治老師開的都麗美女裝店做衣服時，在學院學到的技術馬上不敷使用，但剛入行的新手又不敢直接問資深的師傅，只好每天晚上偷偷將師傅們裁好的布、完成的衣服小心拿回家研究，用心記住布的裁剪形式、大小、一針一線的技巧等，才漸漸成為能夠獨當一面的師傅。

對蔡師傅而言，女裝師傅是需要不斷

七〇年代的都麗美女裝社。蔡廟玲提供。

學習的職業，所有最新的潮流和款式，都要有所涉獵，所以每家女裝店都會定期購買美國及日本的時裝雜誌，研究、累積，練就一身看女裝的「經驗」，到現在只要看過雜誌的圖像，或客人拿來的照片，就能夠馬上複製一套出來，這就是一個技術純熟師傅該有的素質和能力。

## 【小鎮時裝店產品也要多元】

旗山的女裝因應客戶需求，於民國六十幾年左右，從原本單一的服飾需求演變出複合型女裝店，部分將店家女裝店轉為時裝店。一間店包括老闆娘還有六到十位師傅，其中幾位負責綜合的洋裝、大衣、襯衫等衣服裁縫製作，另外幾位分別專注做西裝、旗袍及裁布打版，宛如加工廠的翻版。

打版師傅是店內最核心的工作，通常由老闆擔任，以便控管打版的樣式。當客人買布拿到女裝店，老闆會依據客人身材及衣服款式（大衣、洋裝、窄裙、西裝、旗袍等），將布剪成不同形狀、大小、長短，再交由其他師傅縫製，這也代表了一間店的主要特色和差異。

服飾店趨向多元商品，以往大小月差異的狀況也開始改變。每逢寒假和暑假後國小開學，阿燕時裝的老闆娘還跨足制服、運動服市場，定期到班上測量孩子衣服尺寸，賺取收入。別的時間點像中秋天氣轉涼，時裝店內西服生意就會隨溫度的降低而增加，特別在民國七十幾年保險業興隆，許多人為了做保險都來買時裝、西裝與套裝，在這些整合型的時裝店裡，西裝師傅總是忙碌到連手都抬不起來。

## 【月收不菲的女裝店榮景】

「七〇年代，台灣錢淹腳目。」阿燕姊就表示，這段時間就是她時裝生意的巔峰。每月初一到初五的發薪時間，可以看到老街停滿密密麻麻的腳踏車，店內的師傅與老闆甚至會從早上九點做衣服到隔天清晨兩點。當時一件襯衫七十五元、洋裝三百元、一套西裝八百元、旗袍則一件六百元，而西裝師傅一天能做一套西裝，一年則有兩百多套西裝的訂單量，可見當時的榮景。

老闆與製衣師傅採六四分帳，一件洋裝的工資約一百二十元，一天可做兩件，如果以一個月工作二十天來看，月薪約二千四百元，相較當時旗山農會職員的月薪一千元，就可以知道為什麼父母會鼓勵女兒從事女裝行業。

## 【步入家庭後的洋裁生涯】

從事女裝的人員以女性為主，女裝店的師傅剛入門多半是單身，入門累積一定的時間，技術純熟，在那個年代，社會觀念以婚姻家庭為重，便會遭遇嫁娶的人生大事。嫁給有緣人後，師傅的生活重心轉向照顧家庭，很難到店面工作，但孩子漸漸長大，而台灣手工洋裁漸漸缺工時，她們才又出現在職場上。部分職人轉向以家庭代工的方式製作，還可以兼顧家庭，並貼補家用，於是當時常見職人自己不開店卻私下接單的景象。洋裁師傅的頭銜，也有趣味性的轉變，如「白蘭姊」、「頭林姊」等朋友般的稱呼，將專業氣息，透過兼差的身分軟化成友情。

過去繁華的女裝街道，如今顯得蕭條許多，離開職場的師傅越來越多，還在職場的寥寥可數，但從她們日常生活的穿著中，還是透露出這些手工女裝的特色和樣式。走在旗山小鎮的住宅區內，偶爾朝向屋內望去，裡頭有成堆的布料衣物正在等待縫補調整，就是這些曾經的洋裁師傅，還在努力用維持美麗的技術，不放棄的在崗位上繼續轉動針車。

## 台灣的女性洋裁演變

早年台灣人深受清朝文化的影響，女性穿著普遍以辮髮漢服為主，而洋裁主要是接受過西方教育的女性，才有機會穿著。洋裁的流行，要從日本人統治台灣說起，當年政府推行日語國民教育，也將學習洋裁融入學校課程，像是國語學校的課程，就規定要學習洋裁，再加上日本人逐漸西化，社經地位較台人高，所以洋裁的形象，普遍是較為高尚的，而後隨著婦女纏足解禁、男性斷髮去辮，再加上皇民化運動開始，日本積極將台灣劃歸為日本國土，台灣洋裁才有新的氣象。戰後，承接日本統治的制度，女子教育的部分仍保留洋裁，除了國民教育內容，更延伸到四健會、婦女會等社會組織，因為國民所得提升以及女權抬頭，造成對洋裁的需求增加，也開始出現大量洋裁補習班、洋裁學院等，許多女性為了翻轉社會地位，學習裁縫追求經濟自主。農村經濟的改變，開啟台灣各地的洋裁黃金時期，也為後期的紡織加工出口化打下厚實的基礎，讓台灣在七〇年代成為加工出口的紡織王國。

小鎮專門店 第廿貳店

# 東南飲食部，農村庄頭的大飯店

在旗山溪洲地區的中洲路上，經常看到穿著滿身蕉香乳汁、身上配著蕉刀的農民到東南飲食部消費。每次看到三五朋友進去店內，突然不見，才發現是進入店內包廂小酌一番，有粽有菜有麵有飯有辦桌，也有無菜單料理，應有盡有的飲食部，代表了溪洲香蕉產區的日常，近八十年來庄頭用餐的歷史，還有地方的特色菜餚，都可以在這間東南飲食部裡吃出不一樣的氣味。

## 【全庄頭都知道的紅旗仔成】

用餐時間遇到同學在溪洲庄內遊蕩，經常會得到一個答案：「我要去紅旗仔成那邊買飯。」但是店面明明寫的是東南大飯店、東南飲食部，到底什麼是紅旗仔成？原來，紅旗仔成就是飯店創立人李福來的別稱。他出生於大正七年（一九一八年），年輕時在旗山糖鐵溪洲站旁的平交道當旗手，火車經過時搖旗示警路人注意安全，因此才有紅旗仔成的外號。李老闆在旗山酒家拜師學做辦桌，後來陸續在李家古厝接辦桌場，十年後再從李家古厝出來自己賣飯桌仔，開啟在溪洲的「刀子師」生活。

## 【水溝上的飯桌仔就地取食材】

店面剛開始是一間飯桌仔，開在溪洲車站旁邊，早年國家土地管理並不嚴謹，在鄉村，水圳溝渠上方的商店就應運而生。當初有三間狹長型的木板房建在溪洲車站旁的大圳上，用木片當作地板，透過木頭地板的縫隙，仍可看見溝中清水流動。這三間木板房都是做生意的，分別是賣童玩的張家、開飯桌仔的李家、和一間綁肉粽的。在這些木板屋的斜前方，是溪洲五分車停靠的月台，提供通勤旅客、學生族群的飲食和娛樂。

東南飲食部的第二代李老闆回憶起小時候說道：「在水溝上開飯桌仔相當有趣，例如家中名菜紅燒鱔魚，鱔魚都是父親從飯桌仔下充滿爛泥的大水溝裡抓的，滑溜溜的鱔魚每條抓起來都有成年人手臂這麼粗，無論是殺或抓，都充滿新鮮、刺激感。」李老闆還說，飯桌仔地板間有許多縫隙，有時候手滑，錢一不小心順著縫隙掉到大水溝的爛泥中，大家還要在爛泥裡找錢，每當遇到急著要趕火車的客人，又沒零錢找時，客人與老闆就形成相當有趣的畫面。

## 【客人半夜叫你起床炒菜】

大溝上的木板房，白天是賣飯給往來旅客的飯桌仔，晚上是李福來一家的居所，但空間狹小且簡樸，正當他煩惱孩子逐漸長大缺乏空間之際，剛好在溪洲最熱鬧的大洲戲院旁，有一間外省人的當歸鴨麵攤要頂讓，李老闆決定盤下麵攤，讓老婆和家人接手飯桌仔，自己跑外面辦外燴油湯。隨著外燴打出知名度、店內又有人照顧，東南的名聲逐漸遠播。此時，溪洲地區戲院附近人潮眾多，二代老闆想起當年的盛況，「每天晚上七點，大洲戲院前就像

農村的老台菜料理。

辦廟會一樣人來人往，店的生意很好，從中午賣到晚上十一、二點以後才休息。有時店已經打烊，我父母親也睡了，仍有熟客半夜自己打開店門叫醒母親，跟我媽說要吃東西，我媽就起灶生火炒菜。」問到會不會覺得不高興，李老闆說，「鄉下地方大家是相熟的好朋友，人家要來給你做生意，是一件好事。」因此東南偶爾也在半夜開店服務客人，身為職人的服務態度，也得到不少鄉親的認同和喜愛。

當時戲院附近有一間茶室及一間酒家，半夜來敲門的客人常會帶兩三個女人一起到店內消費，也分不清楚是妻仔還是酒家女，但可以看出，農業庄頭要帶著女人出來逍遙，多少還是會避開正常的生活時間，以免被鄰居親戚指指點點。

## 【東南飲食部興建】

民國六十三年，第二代老闆退伍回家繼承飯桌仔的生意，向陳家買下現在東南飲食部的所在地，並花九千元請當年「旗南合作農場」的設計師康東農繪製設計圖，預計建造二層樓洋房。洋房的不同構造各請來不同師傅建造，有牽水電師傅紅狗仔、土水洗石子楊師傅、板模外省姚師傅、鐵窗師傅等，興建出格局精準、工程細緻的洋房。

進到內部有四、五個桌子，是散客用餐的地方，用餐場合順著樓梯延伸到二樓居所，樓梯樣貌稜角優雅、設計用心，成為一種裝飾；狹長型洋樓再往內延伸有兩個包廂，包廂的檜木木窗及精緻燈座凸顯在包廂用餐的別致。民國六十四年東南飲食部落成，入厝時，身為東家的紅旗仔成叫一些刀子師一起做辦桌菜請大家吃，成為全溪洲第一間有包廂的洋樓飯桌仔，至今依舊屹立在溪洲當年最熱鬧的戲院旁。

東南飲食部。

中午也有自助餐區。

## 【台菜混搭在地小吃】

要吃古早、精緻的料理，若問起溪洲八十歲以上的耆老，一定會點肉羹、肉捲、粉腸等店內的招牌手路菜，蕉農必點的老台菜像是蛋刺、五柳枝、紅燒鱔魚等，是菜單上沒寫卻深受熟客喜愛的經典菜餚。飯店的肉羹傳承自紅旗仔成，五十年前，每當溪洲庄頭有廟會活動時，紅旗仔成會用扁擔挑著肉羹，點一盞燈到庄頭賣，味道廣受好評。此外，早年的雞肉料

一定要吃飯配菜的農民，在外工作有家的感覺。

理也是大家的心頭好，是傳承自刀子師的手藝，先在鍋內放入黑糖、二砂，再將用水燙過的雞隻放在黑糖、二砂上面，鍋下的水蒸氣緩緩帶動糖的香氣，從雞皮滲入到雞的組織中，回甘的微甜是紅旗仔成雞肉的特點。店內包辦了人生大事，油飯也是蕉農孩子滿月會點的菜餚，若村莊有人有喜想要請客時，街坊鄰居就可以看到老闆拿大鼎炒生米，蒸煮油飯的身影。

因應現代農村的作息，早餐一定要有米飯、午餐十點就要開始，晚餐五點就要準備，除了現煮閩式酸甜的大滷麵、羹飯吃粗飽，也提供自助餐式的家常菜、肉粽與熱湯。「讓一定要吃飯配菜的農民，在外工作有家的感覺。」李老闆說，最早還兼賣早餐，後來因應中午的客流都是九點就開始炒菜，過去幾乎全年無休，現在年輕人回來，才改成週休二日，但有時一通電話，大門還是為客人而開。正所謂沒有永遠的客人，只有永遠的朋友，不變的情義、不變的服務，就這樣走過了近八十年的光景。

在溪洲庄內，其他的傳統料理都因為後代不願意傳承而終止，但東南目前由第三代李文瑞繼續經營，給逐漸沒落的溪洲庄頭注入一劑強心針。溪洲人不僅能吃得到三代傳承及多變的菜餚，更能坐在包廂內，從菜餚的色香味感受這八十年來溪洲庄頭的發展。

南松飯店內部。

## 戰後政商最愛的聚會場所——小鎮的大飯店美食

大飯店以前可不是住宿過夜的地方！過去餐廳的別稱有飯店、食堂、桌店等，而能稱為「大飯店」，不只菜色要精美獨特，內部裝飾更要別致。重要是飯店要有包廂，供商界名流能在不受干擾下洽談生意、與酒家小姐談笑，這樣的聚會形式，在六〇到八〇年代的旗山，隨香蕉、菸葉經濟的高峰而相當盛行。旗山太平商場內的南松大飯店，有四個店面、六個榻榻米包廂，承襲日治時期南京酒家的特色料理。台灣料理五柳枝就是將比目魚油炸酥脆，淋上竹筍、香菇、高麗菜、扁豆、紅蘿蔔等快炒勾芡，加入黑、白醋、辣椒與糖調味，呈現酸香、微辣又微甜的獨特口味，堪稱旗山經典。此外，像是旗山華榮經濟食堂自拌的醋飯壽司，許多長輩至今仍回味無窮。又好比東南大飯店的糖燻雞肉，也是旗山的農村庄內最受歡迎的料理。此外，二戰後隨國民政府來台的浙江大陳島移民，民國五十五年在旗山開了浙菜的一江山大飯店，店面深長，辦桌曾經高達一〇一桌。菜餚以香酥鴨最受旗山人的喜愛，以鹽巴醃漬全鴨靜置，加入自家漢藥配方、辣椒、老薑清蒸三到四小時，使鴨肉軟嫩清香，等客人上桌後現榨，才能呈現外皮酥脆鴨肉軟嫩，可說有一菜定江山的氣勢。

小鎮專門店
第廿參店

# 棉被是溫暖三分之一 人生的親密夥伴

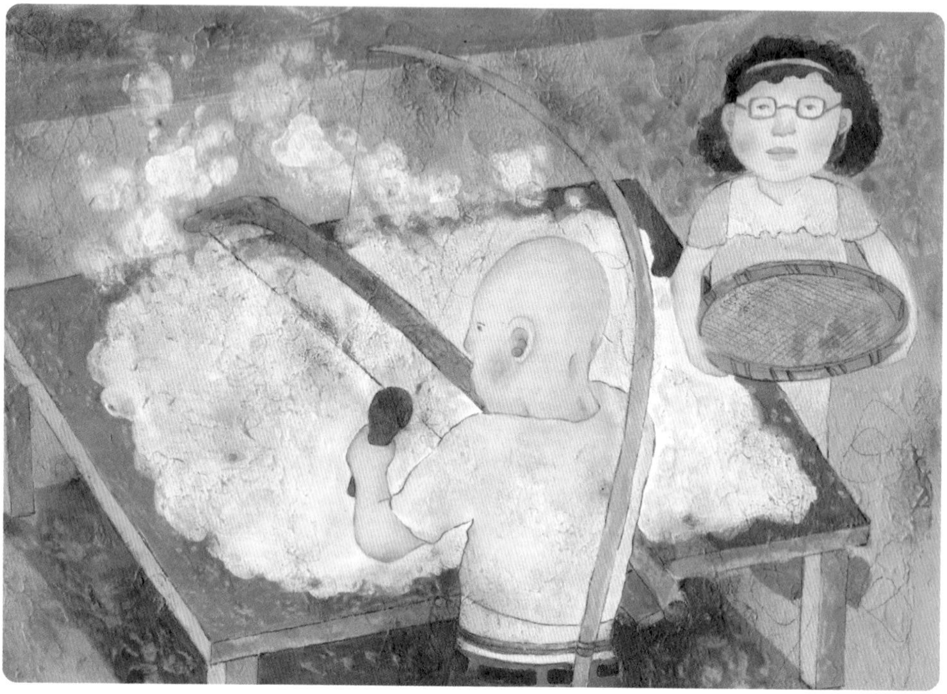

半個世紀前，台灣南部是棉被的主要產地，尤其在高雄彌陀地區到台南沿海將軍地區一帶。從日治時代就有生產棉花的記載，一九五〇年左右，將軍地區開始有許多人將製作棉被視為農耕的副業，後來轉為專營產業。旗山目前僅存的棉被老師傅，幾乎都是從將軍移民來，可見這股威力，將軍和旗山好似一對情侶，擁有同蓋一床棉被的深情。

## 【旗山僅存的兩間將軍棉被店】

目前旗山的棉被產業，除了因改建消失的旗山製棉，另有順福棉被店和東穩棉被店，位於旗山的四保地帶。順福棉被店從將軍鄉中寮來旗山開業，東穩棉被店則是來自將軍苓仔寮，後來兩家晚輩在交談中，才知道彼此是同鄉且有親戚關係。吳、王、林都是將軍的大姓，當年棉被產業發達，據說也是因為清朝海軍大將施琅的部下，從中國帶來了製作技術，讓將軍地區的遺族有了足以維生的技能，搭配農耕賺取外快。

順福棉被店的歷史要從日治時代末期說起。徐老先生從將軍來到旗山發展，並娶和旗山吳家有關的小姐吳鳳女士為妻，開設順福棉被店，店址在目前旗山陽信銀行的位置，據徐家後代表示，以前店面三間連接起來，可說是非常氣派，建築屬閩式建築，但店面深度很深。因為家裡拿房產替親戚擔保，結果對方跳票，擔保的徐家阿嬤只好賣掉老屋，搬到旗山四保地區買下現在不到十坪的小店鋪草仔間，繼續做棉被，後來還兼賣早餐，好在家裡還算勤儉，慢慢還清債務，這才在旗山四保橋頭重新立足。

東穩棉被店的開業比順福晚。民國三十八年，台灣發行新台幣後，老闆林塹搬來旗山當棉被師傅，住在復新街上同是將軍人開的陳金清棉被店裡，得到同鄉人的照應，他才在旗山落地生根。林塹說，整個將軍鄉中寮都在做棉被，台灣南部做棉被幾乎都是將軍人執業，也有不少同鄉一起到北部發展。在旗山當師傅近十四年，與吳金蟬結婚不久，他們舉家遷移，在旗山開始了東穩棉被的創業路，恰巧店就開在順福棉被店附近，除了製作棉被，還有手工自製蚊帳、被單和枕頭套。

## 【棉被也能進廠維修】

冬天對於棉被店來說是做生意的旺季。聽老闆說，早年手工製作的純棉棉被比較耐用，但用久了，中間的棉絮會失去蓬鬆而影響保暖，因此，製作棉被的店家，還會「修理」棉被，許多客戶會拿著棉被來進廠維修，把老化的棉絮換掉，重新補上一些新的棉花整理打製後，就能讓棉被回春。林老闆說：「一條棉被有時候，就是跟著你一輩子的貼身好友。」這麼一番話道出，這件每天和你相處三分之一時間的寢具，真的是相當親密啊！

## 【木棉也有MIT】

「台灣也有出產棉花和木棉。」林老闆感慨的說，早年有些棉被的材料是台灣種植的，台灣從日治時代開始引進海島棉，棉絮長而品質佳，和南美洲的「西哩阿仔」（音譯）進口的棉花一樣好，可惜產量比較少。而店內生產的枕頭，就是用台灣木棉製作的。

「我採木棉都是等熟成用竹篙把它打下來，再用網子接住，才不會飛掉」、「汝沒接著，它就打開黑白飛。」林老闆用傳神的台語描述當年打棉花的狀況，在老家將軍種約三點八分的棉花田，也有種木棉，當年這種一打一接的工作看似有趣，其實是怕木棉落地炸開棉絮亂飛。而特別要一接一打的情趣，似乎就是過去採收的農村景象，不小心炸開的棉絮有如中大獎一般飄散，卻會令人眉頭一皺。

老闆說，後來台灣的棉花供應量小，美國棉花供應大且便宜，棉被的製作就多半用美國進口、纖維比較短的大陸棉，雖然品質比較差，但都經過加工處理，把棉花和棉籽分離，做成一捆一捆的棉磚，對於師傅來說使用上比較方便，因此店家都改用進口棉花。以前訂購棉花會請旗山有名的南林貨運送到店內，店家多半還會請附近有打棉機械的工廠，先將棉花打成棉

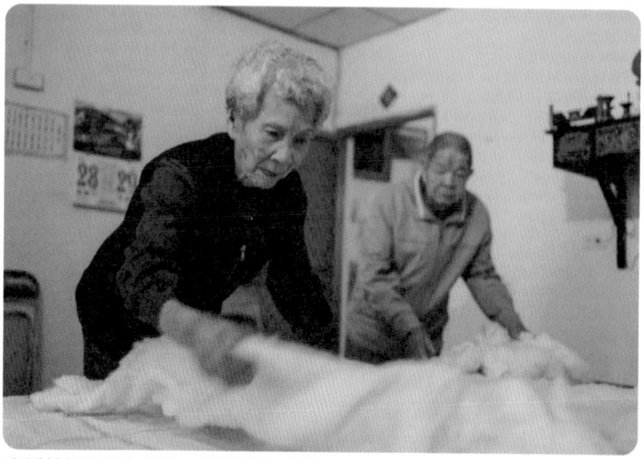

東穩棉被是旗山最後一間還在打被的傳統被行。

東穩棉被老闆夫婦。

旗山製棉舊址位於旗山車站附近。

捲，才拿回來製作，平均一個人一天可以製作兩件棉被，但多半是兩人一組進行製作，從早做到晚上九點過後才有時間休息。林老闆強調，做棉被是拚命的工作，早年聘請孫子來當學徒，但因為工時長，後來都不願再繼續，也逐漸埋下缺工的困境。

## 【棉被製作反映當時的生活型態】

日治時代到戰後年間的棉被比較重，賣棉被都是以秤斤計算。棉被有八斤重、十斤重，最多有十二斤重的，大家似乎不在意重量，而是在意到底能否蓋暖的功能。約民國四十七年，以一台斤的棉被三十八元來計算，一床棉被的成本約四百元。在那個物資缺乏的年代，有趣的是銷售反而都以雙人被為主，客人認為大的能包小的，棉被買雙人的才不會不夠用又要再買一件，也不會孩子大了就不能用。

以前棉被也提供客製化，棉被的長寬則是因人而異，單人被通常是有需求才會製作，最多人製作的尺寸是

5×6呎、5.5×7呎或6×7呎，後來隨著個人主義的興起和生活水平的提升，孩子有獨立的房間，會自己睡一張床，才會製作3.5×6呎的單人被。可見消費棉被的習慣，會跟著經濟、社會與家庭而不斷改變。

## 【旗山香蕉也要蓋棉被】

旗山最有名的香蕉副產品，除了酒家茶室外，各個農家還會使用棉被覆蓋保護香蕉，避免撞傷影響銷售品質，但早年的棉被店，由於製作品質高，用料都是純棉花，一般少用於香蕉運送，不然就是用一、兩個世代的棉被，修到不能修時才拿來墊香蕉。

早年香蕉被工廠。陳富美提供。

在五〇年代，旗山香蕉出口快速，需要大量防撞棉被來維持香蕉的品質，因此開始有人專賣供應給農民使用的棉被。據旗山綺純美百貨行的老闆陳富美表示，當年專門製作香蕉被的工廠，在旗山農校對面生產相關的棉被，提供蕉農購買。這種香蕉被，材質主要以便宜的粗棉線為主，回收棉絮為輔，主要強調保暖效果不能太好，否則香蕉被棉絮包住，天氣又炎熱，有可能提早轉黃影響運送的品質。一件當時的價錢約一百多元到二百元不等，以棉被的大小來計算，一般雙

如今老棉被店還在經營的，只剩市場的嫁妝百貨行。

人被約六百到八百元左右，若跟單人被相比，可說跟人蓋的棉被價格差距不遠。

## 【現在的棉被店不賣棉被】

順福和東穩兩間旗山的棉被店在民國七十六年和九十二年停止生產，主要跟台灣傳統棉被銷售市場有關。七〇年代出現了合成纖維材質，更加輕巧，像天美龍、奈客龍等材質的出現，傳統棉被的笨重馬上被消費者置換，雖然傳統棉被不容易產生靜電、不容易引起過敏，但也逃不過時代進步的試煉。而銷售棉被的店家，也因為棉被工廠化、消費者需求改變，逐漸改成百貨行、嫁妝店的經營模式，像是在旗山菜市場街上，綺純美嫁妝店就是一間經營棉被買賣與複合式的百貨商行，也是延續傳統棉被銷售的傳統百貨商家。

順福棉被店從五〇年代就開始兼營早餐，自家做的柴燒豆漿，旗山人特別喜歡，另外也自製月桃葉粽和傳統早點，店內除了幾樣傳統工具，早已看不出棉被的蹤跡，卻多了棉被的淵源和黃豆香。東穩棉被店內打製棉被床還靜靜躺著，這張棉被床，老闆說也免費提供來此經商的販仔打地鋪住上一宿，再換取棉被銷售與廣告。老闆娘吳金蟬，退休後開始轉作藝術繪畫，高齡七十歲才正要展開自己的繪畫才能，棉被店則展示著她的人生童趣，開過不少畫展的她，仍在繼續創作。雖然棉被產業走入黃昏，但旗山的棉被職人，還用不同的方式存在著，繼續他們精彩的人生。

## 台灣棉被從哪裡來

台灣原本沒有出產棉花、也沒有棉織產業，使用棉被是從中國沿海一帶的先民攜帶來台的物品開始的。早年原住民大多以鹿皮、苧麻做為紡織材料，比較好的布料與棉製品，多半透過貿易取得。因此從明末清初以後，就開始以獸皮、獸肉等物來換取布綢、鐵器。光緒年間，台灣巡撫劉銘傳從中國購入草棉（大陸棉）品種的棉花，在台南南化一帶種植，但因為受到夏季颱風影響，雖然開始種植棉花卻無法產生經濟價值。一直到日治時代，日本政府加強本島的自給自足，投入資本進行品種雜交與改良。到了約一九四二年，在中南部沿海地帶，夏天栽種稻米作物，冬天栽種經濟作物增加農村收入，台灣的製棉產業才開始。靠近近棉花產區也有不少紡織小鎮興起，在彰化和美、台南將軍、高雄梓官等鄉鎮，也有不少兼做棉被的產業開始連結。二戰結束，國際貿易被阻斷，紡織業需要自給自足，在美援的催動下，這些小鎮快速發展，也讓棉被產業散布到全國。

小鎮專門店

第廿肆店

# 小鎮的四大天王，搖擺著過往的特色產業

身為旗山人，如果不知道風靡旗山的四大特色店家，會被老人家在心裡笑話。在民國五〇年代，各踞一方的產業就是「枝仔冰城」、「米粉亮」、「冬瓜春」與「芎蕉廷」，當年講到這四個傳統產業的代表，無人不知無人不曉。號稱大王不是沒有原因的，賣最多、賣最好絕非最重要的，要當「大王」最具代表性的就是，對地方的貢獻與白手起家的過程。

## 【旗山製冰源自日本人的習慣】

旗山在日治時代逐漸興起，日本人多利用旗山當據點，深入前往高雄山區運送物資與開墾荒地，製冰代表食物保存的後援，當台灣成為日本皇軍的南進基地，各地製冰業就紛紛展開。製冰需要電力，一九〇八年美

枝仔冰城往昔舊照。枝仔冰城提供。

濃竹子門發電廠開始運轉，一九一四年開始提供穩定的電力到旗山地區。除了糧食相關，日本人追求落葉歸根的習性，也是製冰廠設立的原因。說來可怕，但每次聽旗山老人家說，日本人在台灣過世，大體以冰塊冷凍在旗山太平寺助念後，過了太平橋，到旗山火車站送到港口，再回到日本安葬的過程，完全可以感受那個年代對於製冰產業的各種需求。

## 【枝仔冰城帶動台灣吃冰風潮】

一項以枝仔冰為名的產業就在此時誕生。大正九年至昭和六年（一九二〇至一九三一年），大量的甘蔗、香蕉移工持續湧入，十年內旗山的人口快速增加近五千人，長工務農要備足涼水，旗山民間消費的冰品速度加倍。一九二六年，鄭城就以銷售枝仔冰，推動了他的冰品王國。他用旗山糖廠的砂糖煮水後，利用粗鹽和冰塊將裝在小鉛盒內的糖水結凍，在路邊騎著鐵馬兜售。這種移動式的冰品，讓人們可以在不同角落享受冰品，而後冰棒產業在台迅速掀起旋風，寫下了台灣冰棒歷史。

從枝仔冰城後，全旗山開始流行冰品風，旗山仕紳吳見草、街長陳順和等人看到冰品的商機和需求，在枝仔冰城開業的兩年後，也紛紛加入冰品大戰，成立旗山製冰公司，也就是旗山製冰廠，此後冰果室產業就如雨後春筍般在旗山擴散，「第一醫生，第二賣冰」的諺語也快速流傳開來。

這種邊走邊吃冰的習慣，有人說和平埔族逐水草而居的習俗有關。移動式吃法的特殊文化，是遊客走在旗山人聲鼎沸的「本通」老街街道，望著老建築的美麗時，不可不體驗的樂趣。

## 【冬瓜茶大王的發跡居然是看電影】

除了冰品的生意，旗山的戲院「旗山座」於一九三九年，開業，在旗山本通地帶（今中山路）的媽祖廟旁掀起了另一波地方發展的契機。因為娛樂產業的掛牌營業，讓周邊相關的店家立刻發展起來，沈建春也在此經營冬瓜茶生意，從攤車銷售到在戲院旁開設建春冰果室，冬瓜茶成為旗山人看電影必喝的飲料。談到建春冰果室，大家最懷念的就是一盤黑糖薑醬配番茄，或一杯木瓜牛奶的滋味，看戲完坐在冰果室內吃剉冰那清涼消暑的感覺。

可惜戲院在民國六十八年就全部拆除，少了戲院的加持，生意下滑，再加上冰果室有長輩沉溺賭博，後代無法繼續承接，打著用新鮮冬瓜熬煮的冬瓜春，從此在旗山成為絕響，但這卻是老旗山人懷念的滋味。

## 【獨樹一格的米粉產業】

說到四大天王中的米粉產業，乍聽旗山有米粉工廠，應該會和許多在地人一樣搞不清楚狀況，但其實在日治時代，旗山的米粉產業就極為盛行，據文獻記載，在昭和年間旗山曾經有五間米粉工廠。

米粉是中國南方的飲食文化，來旗山開墾的居民多半是泉州、漳州的移民，自然有食用米粉的習慣。此外米粉可以保存米飯的價值，還可以變成辦桌裡不同的菜餚。

香蕉大王盧廷故居。

旗山位於高雄農業區的中心，農產加工自然成為強項，但還有一個重要的關鍵。回想起新竹的米粉為何有名，就是因為新竹號稱風城的特質，讓米粉得以快速風乾，保存風味。而旗山米粉Q彈的特質，也是因為旗山位於下淡水溪畔的氣候，產生的風與台灣南部雨季集中的特性，讓米粉在陽光強烈的熱風中，也達到快速烘乾的效果。

## 【從米粉亮到福田米粉】

旗山米粉當年的盛況，隨著國人飲食消費習慣改變，目前只剩下昭和七年（一九三二年）開業的隆盛米粉工廠還在經營。當年的老劉老闆，白手起家創立米粉工廠，後來傳給三兒子，名為「福田米粉」。店門口擺滿不同粗細的米粉、乾米粉、濕米粉、自家產的關廟麵等，工廠傳來陣陣馬達聲，整把白拋拋的米粉，跟著管路和蒸氣推了出來，老闆順手扯了一小段給我，入口Q彈好吃。

問起米粉的記憶，後代劉福田先生說，過去的工廠設在溪畔，經常用牛車將一把一把的米粉，載到旗山溪旗山

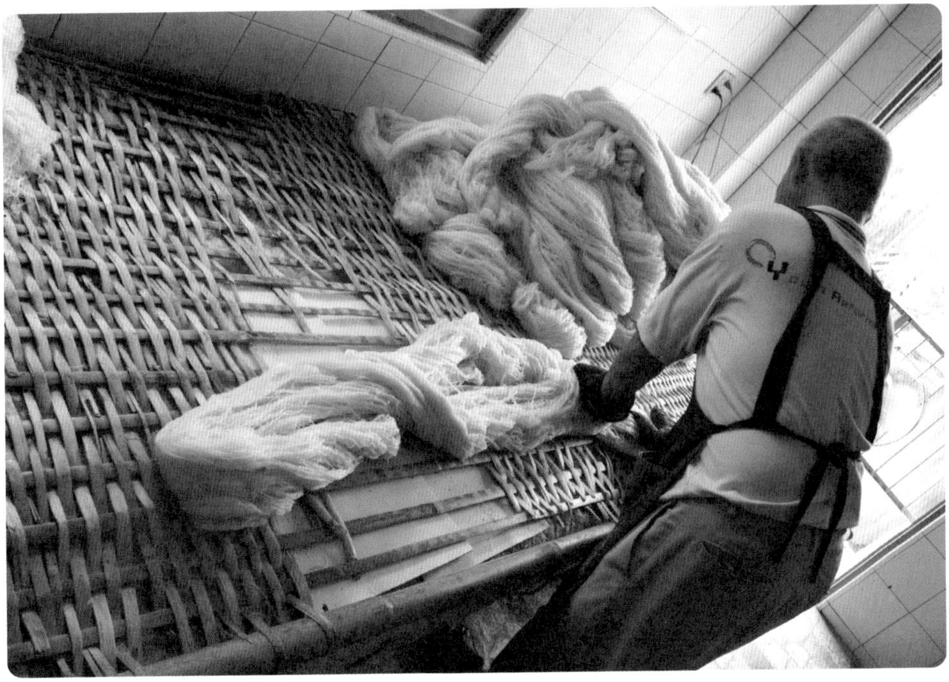

米粉熱燙出來時還要經過人工搓揉才會好吃。

橋的橋下，在太陽曝曬下晾乾一整天。只要經過旗山橋往旗尾的路上，都可以聞到曝曬米粉的味道、看見一整批米粉在曝曬，與橋邊的甜根子草相輝映，傳來米香。

上一代老闆和枝仔冰城老闆是熟識又是鄰居，當年決定做米粉，也有一部分是他的建議，兩個大王英雄惜英雄，創業過程辛苦，卻創造了地方的經濟特色。劉福田說，現在經營的福田米粉，米的進貨成本一斤六十元，但米粉一斤售價只有三十五元，在龐大的成本壓力下，消費習慣的改變，讓貨品也搭配炊粉進行製作好降低成本，但若有需要也可製作純米米粉。目前年將七十的老闆劉福田，也準備將事業交給第三代兒女經營，希望透過傳承，繼續經營旗山米粉產業，讓更多人知道米粉亮的故事，吃到旗山地方的米粉滋味。

## 【香蕉大王不只因為香蕉】

四大天王雖然各有強項，但香蕉是旗山近代發展的重要產業，我也是種香蕉的，所以特別有感。談起旗山香蕉大王，由於以香蕉發跡的人不少，像是出任高雄州青果同業組合代議員的蔡風苔、溪洲武鹿張家的張士錐近百甲蕉園、溪洲陳家、郭家等都算得上是大王級的，聘請的農工少說也有百人，但在旗山說到香蕉大王，大家心中卻只有「盧廷」一人，除了他種植大量的香蕉外銷，也因為他家白手起家後的親切的行事，受到地方鄉親的愛戴。

日本人到旗山蕉園考察舊照。紀正毅提供。

說到盧廷，他出生單親家庭，由媽媽撫養長大，家裡沒錢給他上學，但他靠著自學，閱讀過期的報紙，學習日文，又因為做人誠實值得信任，被旗山糖廠聘為工友，受到日本長官的賞識。他很有經營頭腦，存了一些錢買田種香蕉，靠著細心又服務周到的經營，在地方打出名號。以R字為商標的香蕉，品質好、服務好，受到日本人的喜愛。這個香蕉大王盧廷出了名的堅持與和善，不只是白手起家田產很多，他做人的哲學流傳至今，依舊讓大家津津樂道。

「潺潺豬肝切五角」，走入旗山飯桌老店，講得出這句話的人，年紀稍長的老闆就會回他：「你也認識香蕉大王嗎？」早年物資缺乏，豬肝是高價的菜餚，成功經營香蕉產業的盧廷，勤儉為本的他不改庶民生活。一份一元的豬肝，他硬要老闆切五角就好，看得出這位大王是出了名的節儉，也看得出他與一般民眾沒有距離的行徑。旗山人口耳相傳的盧廷「農會領款」故事，就是盧廷去農會辦事時，新來職員小姐看他穿著沾滿棕黑色的蕉乳汗衫，以輕視的態度服務，後來盧廷身段柔軟的提出要提領可能讓銀行無法放款的金額，驚動農會總幹事高水出面道歉。最後，他不願因此讓年輕職員辭去頭路，以長輩的慈悲心腸化解農會內的懲處，替農會「以農民為本」給年輕人上了一課。看得出盧廷在地方人眼中，就是這麼平易近人，甚至他兒子盧中義當選縣議員為鄉里服務，每個任期都賣掉三分之一田產，為地方服務，就會了解到盧家在旗山的付出。

## 【旗山的四大天王搖擺著過往的特色】

四大天王都曾盛極一時，但因為旗山香蕉外銷產業逐漸沒落，小鎮的老店物換星移。「枝仔冰城」轉型企業化經營，目前已經走向大企業的路線；「金蕉廷」因為子孫的凋零和香蕉產業的衰落失去光彩；而早期位於旗山戲院對面的「冬瓜春」早已不知去向；「米粉亮」則是靠著子孫的承接，持續經營傳統產業。台灣的經濟搖擺著前進，天王的後代能合體宣傳旗山的一天，就是地方懷舊產業復興的里程碑，不知道這里路有多遠，但他們曾經在地方創業的故事已深深烙印在我們心中。

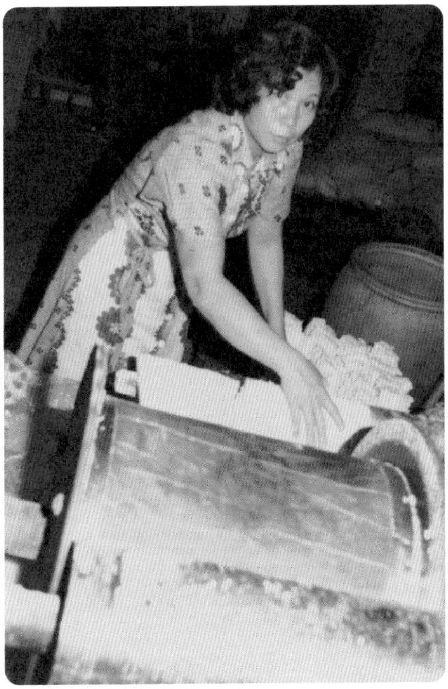

米粉工廠老照片。劉福田提供。

### 高雄的大王

除了旗山以外，或許是高雄的民風比較草莽、直白，高雄各產業的經營者用商標稱自己是大王的還真的不少。無論是從台中到高雄的「高雄牛乳大王」，或是標榜再大的鳥都裝得下的「褲子大王」，或是藏身在鹽埕地區的「書包大王」與在前金區的老字號「綠豆湯大王」，沒錯，大王在高雄無所不在，有不少以大王自居的店鋪和產業。與日本的東京與大阪一樣，如果說台北的文化是文青小清新，那高雄就是一種熱青愛給你的土地氣息，正如南部的陽光一樣，擁有無限大的想像與熱情。

小鎮專門店

第廿伍店

# 傳承百年詩意與文學記憶的心影印房

心影印房近九十年的傳承，從台灣鄉土文學起點的黃石輝手中，經過三代的堅持，在旗山深根，從民治三十三年（一九〇〇年）至今，用詩意在代表每個人身分的印信上落款，流著暖暖親切，刻下小鎮四季的記印。

山月／黃石輝，字心影，筆名瘦農、知母、蘇德興

湧現峰頭照四方，疏林荒塚盡蒼茫
色浮野露三更白，味趁溪風一陣涼
魄印潭心珠孕蚌，影斜嶺口瀑懸湘
漫漫山路行來易，不待流螢浮草光

## 【刻印是門讀心畫影的功夫】

沒有太大的招牌，簡單兩個字「刻印」，這是一個令人覺得過於簡

印信是台灣社會信任的重要文化。

單的小店，刻印看板懸吊在早年小火車鐵軌做的棚架上，裡面是簡單的座椅和濃郁木頭味道，第三代傳人黃澤祥，正在量身打造漢字排列。他操作起手工刻印的機器，磨木削的聲音哼哼作響，用簡單的木條和框架夾著指頭大小的木頭，開始發出細緻又具韻律的聲音。黃澤祥說，手刻印章的功夫，因為印章機器的出現，已經逐漸式微，現在旗山只剩下三家印章店，不用機器，而是以傳統雕刻刀具，一刃一削刻出印章，在旗山這已經變成他們家傳的獨到功夫。

印章代表的是一個人的獨特性，一顆印章從用途、字體、選材、撰稿、刻印、修稿到落款、交件，需要注意不少細節，除了要懂木工，還得懂材料、書法、藝術，甚至要具備文學的鑑賞力，這是一門創作的功夫。選定字體要經歷六本字典的鑽研，在不同字體的變化要做出藝術且實用的水準，店名「心影」正告訴我們，思考是刻印最好的解藥。

想和嗜好，黃先生讓一間店延續著台灣文學的期待和傳承，落腳於旗山。

## 【台灣鄉土文學之父黃石輝】

心影印房的淵源大有來頭，在大正年間，創店者黃石輝在台灣極力倡導鄉土文學與左派思想，當年的日治社會，五%的日本人控制台灣五〇%的土地的高壓統治，經濟備受資本主義的洗禮、本土意識受到民族自決的觀念，黃石輝開始與林獻堂、蔣渭水等人，組成台灣文化協會，並參與各種左派運動，撰寫不少文學作品倡議台灣新文學運動，更是發表台灣首篇以台語寫作的本土文學。

「你是台灣人，你頭戴台灣天，腳踏台灣地，眼睛所看見的是台灣的狀況，耳孔所聽見的是台灣的消息，時間所經歷的亦是台灣的經驗，嘴裡所說的亦是台灣的語言，所以你的那枝如椽的健筆，生花的彩筆，亦應該去寫台灣的文學了。」黃石輝一番話，對台灣文學造成巨大的轟動，他和當年的台灣文學泰斗賴和、楊逵、鍾理和等作家，相互激勵。昭和五年（一九三〇年）心影印房從屏東搬來旗山，也讓黃先生為旗山留下許多詩詞和地方寫作，刻印是他主要的收入來源，寫作與吟詩參與公共事務則是理

## 【印房彷若小鎮的發展迴廊】

黃石輝最初來旗山，心影印房就開在中山路九十五號的大菜市場旁，附近銀行林立、公務機關多，因此印章店也有市場。日本人與華人一樣都有印信文化，許多商號、個人在登記商店都需要刻印信來申請核准，從刻印店開業以來，只要有刻印作品都會在紙上用印留作紀念。從黃石輝到兒子黃承系，再到現在的師傅黃澤祥三代，累積許多不同風格的刻印字體作品，這些印章作品儼然就是整個旗山發展的歷史。

從昭和年間的旗山市場共濟組合、溝坪公學校、渡邊兄弟商會、美濃信用購買販賣利用組合、旗山天后宮祭典委員會、榮和自動車合資會社、華興映畫社等，無論是商號、機關還是廟宇、個人，都是店內的客戶，而近代旗山不少名人也都選擇在這邊刻印，當年除了旗山農會的經

理高水，像是知名作家林清玄、旗山歌手許富凱也都是店內常客，不少電話號碼、番地與任職委員都用印章留下記錄，代表了刻印章背後的故事。

手工刻印工具台。

手工刻印工具。

## 【手工刻印展現價值】

比起目前快速、電腦化的刻印服務，手工刻印除了比較不易被模仿，還有一些細微的手工痕跡，展現與眾不同的文化氣息。黃澤祥就表示，許多人還是很喜愛手刻印章，曾經還有人千里迢迢從其他縣市，來找他用山羌角刻印，展現獨特的個人風格；也有客人要求他從字體的變化，提供人生大事的紀念信物，「這是一門人的工作。」客人給予的信任，讓他創作出最好的作品，深刻展現在這些手工的刻印上。

在刻印的材質方面，店內也研究如何就地取材，像是七里香、九芎的本土木頭都是軟硬適中、手刻印章最好的材質，另外魚骨、牛角等有著傳統紋路的材質，也是不錯的印章材料。他做過不同印信的工法，也做手工橡皮刻章，設計不同商標的圖章，不斷有各種靈感，就是當今店內的

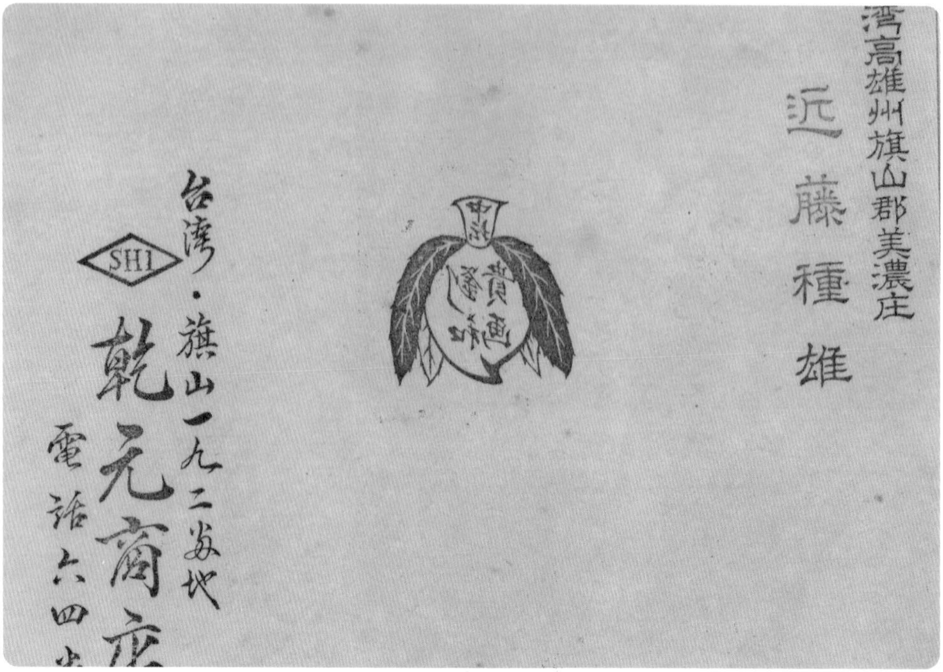


日本時代的印信轉印，印信店也是一種小鎮的歷史側寫。黃澤祥提供。

特色。

## 【兼作和服與皮鞋延續傳統手藝】

黃澤祥師傅高齡九十四歲的媽媽邱春嬌，是台灣少見的和服老師傅。她從屏東嫁來旗山，曾經做過皮鞋店與手工藝加工，後來才兼作縫紉貼補家用。談到做日本衣服，阿嬤在日治時代學過日式裁縫，之後自己研究，恰好孩子有需要，就開始做日本和服給孩子穿，因為技術良好，以前也經常被大溝頂的時裝社請去做服裝代工。

如今年事已高，因為受日本教育，邱阿嬤希望將製作和服的技術傳給女兒，希望後代子孫都能學會自己製作和服的手藝，讓小朋友穿得可愛。從剪裁、打版到縫紉，那台老機器和她手藝的揮灑，都可以在印章店內看到男刻女縫的愜意。

## 【刻印歷史的傳興】

旗山心影印房，一如往常的在微弱燈光下，安靜的動作著，剛滿六十歲的黃師傅，吟著旗山的五言絕句，一邊招呼著來刻印的客人，他說這行業是他家族重要的傳承，反而孩子沒有意願承接，非常無奈，但人各有志，如今傳統產業面臨繼續經營和維持家計的十字路口。刻印產業隨著數位授信身分及電腦刻印的產生，需求大大減低，心影印房的手工產品不曾漲價哄抬，「手藝只要有人想學，都可以教，從書法、刻印、木工、學養甚至鑑賞，只要我在店內經營就歡迎來學習。」黃師傅無奈卻仍帶有期盼的臉，讓過路的旅客辨識出這裡就是心影印房，是一間連外國人都來光顧、卻被市府迫遷的小店。

### 印信文化的台灣

「文不文才刻印、武不武才打鐵」，因此台灣的印章店師傅多半是知書達禮的文人。受到華人印信文化影響，將印信視為權力象徵，歷來深受統治階級的重視，早年天子、官員、各地尊王等都有自己的印信，也是封建社會的表徵。在早年的《新港文書》中，不難發現有加蓋熟番手、指、腳等印模，代表此人的信用，可以說台灣的印信文化，早就進入西部沿海的平埔聚落。也因為早年識字不普及，刻上文字的印信多半是受過教育的能人雅士、有錢人家才能享受的趣味。

自一八九八年起，日本人以中央或地方經費開設了兒童義務教育，加上社會制度走入法治體系，使用印信的人口開始增加，再加上日本人重視印信，讓台灣印信店鋪逐漸走出高端消費，進入社會體系，當中銀行、婚姻、房地產、戶口等的使用，也讓精通各種字體的文人有另一種經濟來源。印信產業除了要精通隸書、篆體、楷書、草書與行書外，還得會撰寫日文，精通片假名與平假名。許多小鎮的老印章店，就像是記錄小鎮生活的小博物館，不少印信師傅都會將刻過的名人印章，複印一個在蒐藏本內，除了可以一窺當年店鋪、行號與產業樣貌，還有許多地方仕紳、望族的痕跡。喜歡走訪小鎮的朋友，進入印信店可得小心。

# 小鎮專門店 第廿陸店

# 看戲要配商店街與冬瓜茶才有味道

「不到午夜，旗山戲院沒有散戲，我們店就不會關門休息。」在旗山永安街口經營天時鐘錶的鄭國雄，談起當年戲院的盛況，仍舊是眼神閃亮，進入時光迴廊，旗山戲院種種記錄的是鄉村曾經的輝煌景象。

## 【看戲要往人多香蕉多的地方去】

翻著歷史課本，我墜入了時光的河流中，回到一八九五年，日本人領台，積極建設旗山成為進入六龜、甲仙、茂林、那馬夏等地開採樟腦、林木與撫番的據點，逐步進行旗山的都市規畫。到了一九三〇年代左右，旗山香蕉產業的年生產面積，已經高達近一千甲，人口超過一萬五千人，如此暴增的人口加上經濟崛起，不禁思考要以具規模的育樂產業來發展地方，這也是旗山戲院風光的開始。

一聽到老人家說，旗山戲院當年叫做「旗山座」，不由得精神抖擻。在現代影像戲劇的萌芽時代，戲院就在本町商圈，掀起旗山市區的現代藝文再造。據旗山文史工作者阿財伯調查，旗山戲院設立於昭和十四年（一九三九年），雖然比起台灣第一座在台北設立的戲院「東京亭」（一八九六年），晚了四十五年，卻是地方經濟產業崛起的重要發展指標。旗山座由三文興業株式會社所建造，大股東是剛卸任旗山街長的吳見草以及後來擔任旗山鎮長的吳尚卿，戲院開幕風光明媚，成為旗山火車站至大菜市場的商圈中點，也是地方人文推廣重要的里程碑。

旗山戲院舊照片。陳福平提供。

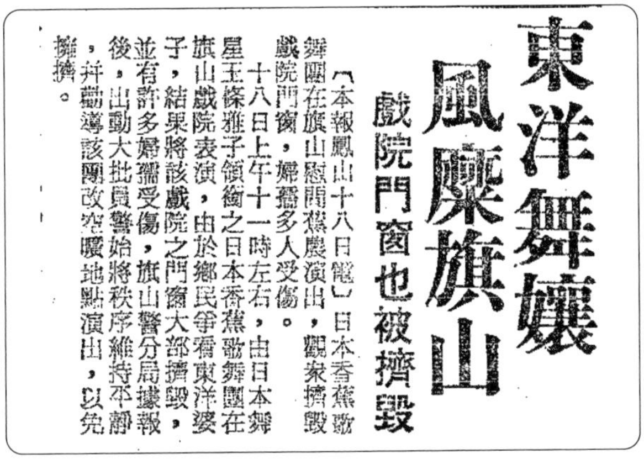

東洋舞孃風靡旗山

戲院門窗也被擠毀

〔本報鳳山十八日電〕日本香蕉歌舞團在旗山慰問蕉農演出，觀衆擠毀戲院門窗，婦孺多人受傷。

十八日上午十一時左右，由日本舞星玉條雅子領銜之日本香蕉歌舞團在旗山戲院表演，由於鄉民爭看東洋婆子，結果將該戲院之門窗大部擠毀，並有許多婦孺受傷，旗山警分局據報後，出動大批員警始將秩序維持平靜，并勸導該團改在空曠地點演出，以免擁擠。

一九六五年，東洋舞孃風靡旗山的新聞報導。出自《民眾日報》。

## 【戲院裡藏著大家的童年】

二次大戰前的一九三〇年代，台灣各地戲院吹起歐洲風，比起先前簡易的空間，各地戲院建築都充滿藝術氣息，燈光音響也有所搭配。旗山座當年就坐落在旗山媽祖廟旁，戲院門面向著老街，斜對面則是旗山永安街，戲院的建築樣式有著羅馬建築風格的山牆，正門二樓立三柱，氣窗為三連拱，還有左右兩個牛眼，建築體白色的石灰抹壁，頗具典雅氣息。

旗山畫家盧小姐，小時候就經常跟著哥哥前往戲院，她印象中裡頭有數間廂房是提供給前來表演戲劇、歌仔戲等劇組人員過夜和梳化使用，兩側有側門可提供散戲人員疏導，前門有兩扇門進出，中間為售票票口，票口後方的上面為電影播映房。室內座椅為木頭收納椅，有一個大舞台提供演出，舞台上方則是大銀幕，戲院前方設置鐵柵欄，引導排隊買票。

她對旗山戲院印象最深刻的是，「我哥哥先去買票，因為現場人潮多，就有不知名的婦人想把我帶走，後來我死命拉著鐵欄杆，才沒有被帶走。」盧小姐說，當年的人口販子都會到處拐騙小孩，如果當年在戲院前被帶走，可能改變她的一生，幸好她夠機伶，也為戲院的童年記憶，留下一個慶幸。

## 【複合式經營，不只看戲也看劇】

一九四一年，全台有一百六十八家戲院，但經歷二次大戰空襲、經濟蕭條等，許多戲院停止營運，一九四五年後剩下了一百四十九家，但旗山戲院成功躲過戰爭的洗禮，繼續營運並蓬勃發展。民國五十年左右在旗山戲院擔任票口小姐的蔡阿嬤說，看戲的人非常多，除了播放像港片《梁山伯與祝英台》、台片《龍鳳雙飛》、日片《宮本武藏》等知名電影，也有一些歐美片，此外也常有像是布袋戲、歌舞團或是明星登台演出，隨片登台的明星像是黃西田、王哥柳哥等，都曾來過和觀眾見面。

當時旗山戲院有五個時段，播出不同電影或演出節目，下午兩個時段，晚上兩個時段，遇到假日也會有早場時段，其中的新吉歌舞劇團、藝霞歌舞團讓蔡阿嬤印象最為深刻。住在大溝頂的蔡阿嬤說，「新吉歌舞劇團演的話劇就像是現在的連續劇，每次表演的劇情連續，高潮迭起，每次都是演到高潮處結束，欲知詳情下回分曉，讓觀眾繼續來看戲。」當時旗山戲院當紅的如新吉歌舞劇團，知名歌手有洪一峰、文夏等，都常來登台演出。過去《血戰噍吧哖》（一九五八年）在台灣造成轟動，吸引許多從影片拍攝的場景所在地如南化、玉井的人，騎腳踏車或坐車來旗山看戲，可見當年播放的電影，若能夠讓觀眾感同身受，影片就會大賣。

## 【老旗山人口中的戲院盛況】

在戲院舊址不遠處的賜安藥局涂老闆，經歷了戲院大起大落，「晚間電影最後在晚上十二點左右結束，但人潮要一直到兩點才散。」這是他對戲院帶動地方發展的第一印象。涂老闆說由於看戲的人多半踩鐵馬來，停放在戲院前要收一角的停車保管費，如果單車亂停很容易被偷牽，因此很多熟識的客戶為了省錢都會把車放在賜安藥局，此藥局也跟著看戲的人開到十二點，看車的服務也會讓客人來店內光顧。

小時候差點被人口販子拉走的回憶，並未讓盧女士對戲院產生負面的觀感，高中時，還跑去戲院看《西施》系列影片，當時西施剪成上下集，有《吳越春秋》和《句踐復國》兩片，還看過《梁山伯與祝英台》，當年戰後盛行古裝片，幾乎場場爆滿。旗山戲院的繁華過去，不只在昭和年間，也延續到戰後經濟起飛的年代。身為旗山的一分子，因為認同感的作祟，曾幾何時也想好好參與這地方戲院的爆滿盛況，我帶著羨慕的眼神，在這些曾經去過戲院的人談話中，得到慰藉。

## 【吆喝看戲的宣傳車】

「來喔來喔！看電影喔！」擔任旗山戲院宣傳車司機的郭瑞昌吆喝著，為了大溝頂的電影《香蕉姑娘》，他開著車子重出江湖。他說旗山有名的南林汽車行因為和旗山戲院簽約，在沒有人包車的時候，就會讓車行司機的他開車到處宣傳擔任戲院的宣傳車。他初為學徒還沒有駕照，但當年的潛規則是，警車是不抓宣傳車的，就讓他上路實戰。

當年旗山戲院的宣傳車，就是改裝車子的頂部，由戲院出錢製作一個鐵製看板，然後用類似皮帶綁在車子的前後防撞桿上，保持車子平衡。提起擔任電影宣傳車的司機，郭瑞昌非常自豪，因為當時資訊不發達，戲院的電影都要透過宣傳車，在大街小巷，甚至在偏鄉地區熱烈放送，邀請大家來旗山看戲。當時開車編制約三人，一人開車，一人拿麥克風講話，一人發傳單，傳單上會印好這檔戲的主演與其他演員，甚至有歌星明星來登台，也會在傳單中刊出。

說到車子放送路線，都是從旗山戲院門口出發，約三小時的時間，緩慢走入嶺口、手巾寮、內門、大林、杉林等地區，可見旗山戲院的客群涵蓋附近鄉鎮。當時明星登台，經常都是搭配電影歌曲，或者是戲劇的男女主角，在電影演到一半時，由歌星搭配樂團現場見面或演出，演完後再繼續播放。

## 【旗山戲院都吃這一味】

看電影的零嘴，大多都是路邊攤位或戲院販賣部銷售的瓜子、花生、枝仔冰、燒酒螺等食物，「但飲料一定要配冬瓜茶、青草茶和楊桃湯才對味。」劉先生回憶起年輕時的戲院說，這些台灣看戲「口感」，不是可樂爆米花可以取代的，這些食物搭配影片的高潮迭起，才有豆漿配油條的對味感。

旗山戲院對面早年是號稱冬瓜大王的健春冰果室，來一杯冬瓜茶，或者朝林鮮果汁的楊桃湯消暑看電影。看完

香蕉姑娘電影與地方廣告。林瑞麟提供。

戲，客人也都會前往戲院旁的華榮經濟食堂、南松飯店吃飯談天，如今現在永安街與中山路的轉角口，宜芳魷魚傳承了食堂的料理，經營地方小吃。為了過過懷舊的乾癮，坐在宜芳魷魚店，懷念戲院的一切，就是找尋遺跡最好的消遣。

## 【旗山戲院的最後一里路】

旗山香蕉產業的興盛，到了一九六九年的「金飯碗」事件爆發，主持外銷的青果合作社主席吳振瑞被迫入獄，農民賴以為生的香蕉大王無法主持對日產銷，加上日益嚴重的香蕉絕症「黃葉病」影響，支撐電影產業的兩大支柱——人口與香蕉，開始負成長，旗山鎮的香蕉產量，從民國五十八年的七萬多公噸銳減到民國五十九年的四萬多公噸。民國六十四年中日斷交，因為看戲人口逐漸減少，地方經濟開始走下坡，旗山戲院因設備老舊歇業，結束了三十六年的戲院光景，戲院拆除後已改建為四棟透天厝，經過老街早已看不出戲院曾經存在的樣貌。

### 電影香蕉姑娘

旗山人出資，在民國六十年成立進益影業公司，籌備拍攝《蕉園男女》，是地方為了推廣自己產業，傳為佳話的壯舉。《蕉園男女》電影，地方人稱「香蕉姑娘」，於民國六十一年，由知名導演與演員田清，拍攝第一支以香蕉為主題的本土台語電影，也是史上第一支以旗山為場景的電影。這讓旗山的街道、河道、鐵路、蕉園、集貨場等生活場域，甚至旗山的酒家女文化、特種行業的三級片橋段，成為保守年代全國觀眾熱烈討論的話題，而「鄉村」的榮景也讓全國各界對於旗山與香蕉產業有著浪漫的想像。雖然電影公司拍完片後就倒閉，但《香蕉姑娘》一片，卻成為台灣國片的重要文化財，也是旗山老一輩家喻戶曉的當代傳奇。

小鎮專門店 第廿柒店

# 老產業廊道，旗山太平商場大溝頂的故事

二次世界大戰後的旗山，街道發展已經飽和，政府尚未有明確的都市規畫，加上地方財源的短缺，地方人士看見高雄市鹽埕區的大溝頂商圈，以河道做為商店街的型態來增加地方繁榮與稅收，便決定在旗山以同樣的方式，打造不一樣的建築樣貌，興建新式商店街，發展地方經濟。這個行動，讓商場成為日治時代與戰後銜接的特色建築樣式，也帶動旗山近四十年的繁榮。

## 【拓建是商店街現代化的開始】

旗山媽祖廟向外三公里左右，為旗山主要的市街發展區域。清朝雍正年間，旗山第一街延平街附近開始有零星的商店坐落，但整體街道並沒有完整規畫，到了一八九五年後，日本人積極開山撫番，將旗山蕃薯寮地

區，設置為進入山區開採資源，安定地方動亂的窗口，帶來了現代化的都市計畫思維。人民移居街坊，日治時代就形成東西向的「五金」復新街、「公教宿舍」永福街、「商業政治機關」的華中街、「菜市場」與「民生物資」的平和街以及南北走向旗山的中心地段「本通」中山路等各具特色。

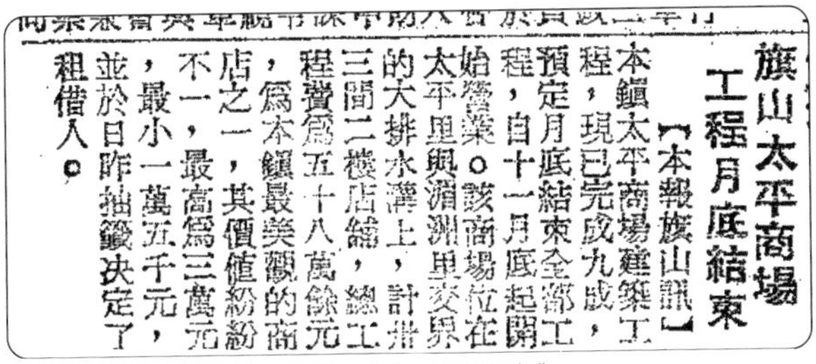

旗山太平商場
工程月底結束

【本報旗山訊】本鎮太平商場建築工程，現已完成九成，預定月底結束全部工程，自十一月底起開始營業。該商場位在太平里與湄洲里交界的大排水溝上，計卅三間二樓店舖，總工程費爲五十八萬餘元，爲本鎮最美觀的商店之一，其價值紛紛不一，最高爲三萬元，最小一萬五千元，並於日昨抽籤決定了租借人。

一九五五年太平商場完工新聞。出自《民眾日報》。

在排水溝上蓋屋。

上述街道興起後，隨著旗山五〇年代糖業、香蕉產業外銷屢創佳績，來掏金的民眾瘋狂湧入，地方建設開始趕不上人口增加，當年的旗山鎮長吳尚卿和現在副總統陳建仁的父親縣長陳興安，決定以官民合作的方式，於民國四十四年，在永安街一側的野溪上興建「太平商場」，隔年風光落成，本來設計是容納八十間臨時攤販，後來更改為三十三戶的商店街模式，讓鄉村地區的商業規模更有現代感。

## 【旗山的信義新天地】

太平商場的廊道以永安街串聯旗山與仙堂戲院，路面只有三米、車輛不易進入的特性，讓商場形成了一個「文市」徒步的逛街廊道。走入商場，過去租賃的店家，多半是以時裝、書店、女裝、西裝、舶來品、電器行、針車行、美髮等為主的流行產業，因為旗山香蕉外銷的經濟發展，在民國四十九年後，街道宛如不夜城，「戲院十二點午夜場散戲後，客人還會來逛街消費」、「半夜木屐聲噠噠聲響不斷，要睡覺也困難，乾脆繼續開店。」店家蔡阿嬤傳神的說著少女時期的往事，盡是讓人幻想到骨子裡的繁華年代。

來此消費的商品以奢侈品居多，原始起灶商場的張文賢就表示，「越靠近中山老街，店租越貴，剛開始一間店鋪高達二萬多元，而中山老街一間大房子透天要價三萬元，這裡很搶手呢！」街道帶動旗山在民國三十九年至六十九年這三十年間的發展，雖然房屋租賃需要繳交租金，但在這裡的房屋轉手容易，多半居民也願意花錢購買權利繼續營運，可以住人也可以發財，地點又在兩間戲院中間，這種概念「就像現在的台北新光三越新天地，然後兩邊都是威秀影城。」

## 【築在河上的街道】

一條在河道上的「老街」，反映了台灣人當時特殊的社會氣息。走過永安街，不會因為住在溝渠上方就有廢水臭味，「底下是鵝卵石的不臭啦」，阿燕嬸用嘹亮的聲音告訴不少遊客。這裡以橋做為房子的基礎，除了排水良好，更可利用水流降低溫度，居民都認為住在這裡品質不錯，甚至晚上還有水流聲陪伴入睡，像極了與水共存的「橋上人家」，媲美法國羅漢橋和義大利的老橋建築。

街屋的空間設計，符合當年小家庭社會的空間規畫。一樓店面後面是簡便的戶外廚房空間，二樓是以木造建材為主的結構，有兩間房間分做主臥與孩童房間，地板都以榻榻米做基礎，樓上樓下以木梯做為連結，感覺得出來懷念日本的治理。新式商店街設計了雨遮廊道，因此走在永安街上，可以避免被雨淋濕，又擁有舒適的購物環境。目前室內保存最良好的南松茶行總鋪師阿嬤，帶我們走入她的房間，「如同日式房屋一般，充滿榻榻米和檜木的香氣」，馬上打動進入空間的每個人，想坐下來喝杯清酒，品嚐老台菜的美味。

## 【特色產業結構齊聚】

除了戲院廊道的稱號，到太平商場容易準備嫁妝、

昔日的大溝頂商場。鄭國雄提供。

禮品的特色，在早年也有「新娘街」的別稱。附近又有酒家茶室，也有不少青樓佳人出入，都帶著恩客來此訂做衣服、做頭髮、上飯店或者典當東西，反映大溝頂獨特的女性消費特色。過去在大溝頂從事美髮業蔡阿嬤說，「以前這些酒家女都會來找先生談笑，也不時的透露訊息要人家去消費，半夜丟紙條上來屋內，聽到聲音就趕緊拿著木棒下去喊打。」附近距離興安樂酒家、百合茶室和旗山唯一的紅燈區「妓女戶」不遠，街道出入分子複雜，也是商場人潮流動、生意高漲的區域特性。

街道中，因為有布莊、時裝和西裝等處於上下游關係的產業，形成了帶狀的產業鏈。店家彼此並非競爭對手，而是相互擁有自己的客群，布店會因為時裝、女裝業的生意而增加消費，時裝產業會和美容美髮，以及與新娘化妝相互搭配。店家間感情特別好，有的店家訂單比較多，其他家還會協助代工，幫忙車縫衣物，甚至商場前的朝林冰果室需要削水果醃漬，也會來街道尋求協助，形成了商家這樣互助互惠的經濟體系，儼然就是社區營造的價值和精神，現在這些老職人依舊相互走訪，連繫彼此的情感。

【老職人的密度最高】

旗山太平商場——大溝頂商店街，代表了時代的變遷的樣貌。戲院沒落，台灣進入工業化，製造業走向低成本、大量製造的趨勢，大溝頂的手作產業也慢慢走下坡。踏進永安街漫步其中，依稀可以感受當年興盛的氣勢及懷舊的氣氛。目前由於沒有現代商業開發，還有不少老職人在此居住，堅持從青春到年老的產業經營。「台灣的LV」手作皮箱的秋霖伯，經歷皮箱店被大量工廠皮箱取代，又因為手作皮箱的價值被看見，打算傳承給孩子，一針一線繼續製作。其餘像是時裝店師傅阿燕、都麗美女裝阿姨、修理鐘錶的鄭伯伯、刻印店的黃師傅、布店文賢伯仔、旗山第一間泡沫紅茶阿姨、國術館的獅頭嬤、碗粿製作的阿嬤、南松飯店的總鋪師與民生德、芳兩間西服店的老師傅，都各自代表旗山老職人的精神。旗山太平商場的三十三間店鋪中，到現在還有十幾間具備特色的手作老產業，希望能持續營業。

太平商場大溝頂假日市集。

【留下特色老街、老產跟老屋是一種期待和希望】

大溝頂的店家都有獨門的功夫，雖然沒落但還有機會承接，相較於太平商場距離咫尺的旗山老街，逐漸因為房租大漲、地方產業離去、房東無心經營而外來攤位雲集，雖然有龐大的人潮，卻不見地方產業的特色。過度夜市化的商業營造，早已看不見那個特色的蕉城年華，這些美麗的建築，似乎是被抽過神經的牙齒，外觀健全但沒有地方生命活性。

在台灣文創產業興起的後工業時代，各處老街都長同一個樣貌的年代，旗山的街道若能有「老屋」、「老產」與「老街」三老合體經營，勢必會替旗山衝起另外一波高峰，而旗山太平商場則是最有潛力的地方文化資產，但政府要拆除太平商場，則是個欠缺長遠目光的事實。大溝頂西裝店的阿滿姨說道，「我先生在這裡創業，也在這裡去世，我只有這間房子，這是我一輩子的家。」吐露出的或許不是文化，卻是這個地方居民安居樂業的期盼，家不只是財產、街道不只有生意，我們要保留的應該是一種地方的記憶，曾經走過的足跡。

附記：旗山大溝頂太平商場，在本書撰寫過程，不幸已在高雄市長陳菊的強力執行下，於二〇一八年底全數拆除完畢。

## 商店街在台灣

台灣受日本影響，在昭和年間，有系統的打造商業街區，有的以增加地方稅收的都市計畫來開發商業街道，有的則以寺廟、市場為軸心進行街區拓展，搭配騎樓的建築，並以保甲制度讓人民經營街區，讓台灣的店街有了自己的溫度。而隨著國民政府來台，在五〇年到八〇年代時，受到個人主義興起及個人交通工具興盛的影響，商店做生意共同經營就多半沒有公共的營造行為。直到九〇年代，台灣經濟發展到了一個段落，百貨消費文化抬頭，占地廣闊的新式賣場紛紛出現，不少傳統商圈才開始轉型。街區的營造當年透過文建會喊出造街特色，從統一招牌、街區鋪設紅磚、封路政策，到後來經濟部協助輔導成立商圈協會，更出現搭設遮雨鋼棚、架設街區造景，以商品為軸線的街道，打出家具街、皮鞋街、花店街的功能商圈，也有的是大打小鄉鎮的懷舊為主，以地方正傳統建築自居，此時才真正出現「老街」的稱號。

## 一場與時間賽跑的小鎮經營——台青蕉的專門店行動

帶著筆記、錄音器材、舊地圖，沿著旗山小鎮的巷弄前進，已經不知道來回幾次，與一張又一張種下青春的深刻臉龐相遇。這是一場與時間賽跑的比賽，留下的產業足跡越多，彷彿就能多理出一些未來發展的特色，百年小鎮的風華，需要從更多的產業線索中挖掘翻新，找到適合地方繼續生長的特色。

### 【從既熟悉又陌生的環境找到日常】

「你幫我去市場那邊的漢藥店抓幾帖八珍湯」、「手錶壞了給國雄看一下就好」、「買麵線要去陳仔那邊買，沒有漂白。」這些都是生活中再熟悉不過的對話。小時候我和家鄉的互動似乎只有單純的消費關係，多半也是爸媽安排好的選擇。長大後，許多生活小事慢慢由自己打點、決定，才開始慢慢反芻這些在地的日常和以前跑腿的路徑，從熟悉的街坊出發，才驚覺到這些專門職人的存在，用大人的視野重新認識這些老產業，才發現內心為之澎湃，原來我們的日常就是由這些氣味、這些熟悉又陌生的感覺組成，或許這就是家鄉永遠都保有魅力的原因。

從童年的消費習慣和路徑就會知道，小鎮提供的服務不只有情感，還有保護地方與頭家的氣質，即使各大超商、各大品牌進駐旗山超過二十年，老店還是頗受地方人青睞，那是屬於旗山的氣味和聲響。就是這一味，讓街坊津津樂道。除了味道，還有地方上的場景。戲院的回憶總是在旗山人的口中流轉，令人念念不忘；大飯店與酒家菜餚是旗山香蕉興盛時期的大時代場景；大溝頂的街道盛況、結婚嫁娶的往事都發生在這些巷弄中，讓南來北往的移民、追逐發展的人群，在小鎮釘根。

## 【謝謝你讓我看見你眼中的旗山日常】

「你們是國民黨派來的，還是要來拉保險？」十一年前，我們進入旗山的老黃金行業——香蕉。一進農園，就遭遇一句地方長輩的「洗禮」，原來他們已經久久沒有受到關切，又遭到經濟改變的種種壓抑，見到陌生人立刻就出現防衛機制。時代不斷在進步，為什麼要回頭面對地方老產業？我們發現，這些關乎地方吃穿的經濟模式，正是地方能否持續產生功能和保護地方的穩定力量。我們自詡為小鎮產業的看門人，要保存地方產業，並轉譯與推廣出去。這些老產業有著一具尚未順轉的老引擎，從他們曾經參與的賽事，能窺見當年的盛事和帶動社會輪軸的聲響。

在地的長輩大多都願意敞開心胸接受我們的打擾，剛開始訪談，多半是談一些店家過去的記憶，但若要進入核心，就考驗你怎麼切入問題，理解產業當時的脈絡與耆老口述的內容。在互動中，語言的使用也是一種隔閡，一樣是講台語，老一輩的談話多半也帶著原本的鄉音與用語，因此請他多重複分享，或者用紙筆核對，再多次確認。我們也常遇見走訪兩三次，店家太忙碌沒時間和你聊天，需要三顧茅廬，其實並不是他沒有意願，而需要重新點燃過去的共同記憶，不少時候就是這樣的舉動，讓這些長輩為我們打開記憶的大門。但有時候如果不小心觸碰到訪談對象的死對頭，發現苗頭不對，也要快速切出地雷區，抓回長輩的心，就是為了要更客觀的了解地方產業的樣貌。

## 【梳理不同產業的生活模式找尋現代的另類選擇】

每次進到一家老產業，最重要就是帶著伴手禮——香蕉蛋糕，禮多人不怪，這一塊香蕉蛋糕不只是旗山的特色伴手禮，也常成為我們展現自己身分的護身符。「喔！

原來最早推香蕉蛋糕的就是你們」，在分享他們產業的過程中，我們也分享自己的故事，讓我們以「相交」的好名聲，找到旗山的共識——香蕉，再從共識中迅速認識彼此，也可以用這個內容來做為剛開始的話題，就是旗山做為香蕉王國的美麗定調。

拜訪老產業，有時是店內車水馬龍沒時間招呼，也有客人零星光顧的一派優閒。但對於客人的熱情，老產業都是溫度不減，總是一句話：「坐啦！來泡茶聊天啦！」或者常有長輩驅車來據點找我們，分享他找到的老照片，不少令人感動的場景。

地方建設課老職員的雜貨店、老米店的起灶人、走過酒家的雜貨店老闆、白手起家的理髮阿婆、家傳多年的粉圓工廠、老軍用品店等，每個受訪者在地方都大有來頭。從他們專業出發的觀點，窺視小鎮的過去記憶。「怎麼接洗頭的水還得要去公共水龍頭排隊」、「學習洋裁幫人家做衣服的利他關係原來是最好的鄉村行銷策略」、「阿兵哥缺錢的地下錢莊兼工商服務站，非得做綜合服務不可」、「八十年前用水圳帶動碾米的綠能工廠，是現在也想追求的綠色能源」，常常聽到老產業的故事才恍然大悟，原來可以從以前生活的樣貌，找到現代生活的另類選擇。現代人的五官刺激雖然豐富，但心靈生活卻相對貧乏，回到家鄉翻轉產業，若能以地方產業的精神與內涵加上經濟模式的轉譯，便能精準的延續產業特色。

當中也接觸到很多產業黑歷史的投訴，歷史上那些人做事不善、操守不佳，就變成街坊老輩「副洗」（諷刺）的對象。可以從他們的社會經驗中，得到不少趣味，當年的嚴肅議題或商業祕密，或許可以變成現代吸引人的關鍵，顯示出我們扮演的角色得以打開地方互信的大門，解開歷史的糾結轉變為發展的力量。

## 【承接一百年的功力來推動家鄉】

隔行如隔山，每個產業面向要在意與關切的都不同，因此進入地方產業訪問，有些過去的想像與脈絡，要多了解幾個要角與人物，談天起來才會一見如故。當訪談漸漸累積，梳理過當年地方的狀態，自然就慢慢變成半個當代人，與老店的長輩像是一同經歷過去的朋友，談著往事，訪談起來就格外輕鬆。

建立起與訪談對象的友誼，除了像朋友、兒孫一樣互動，以及讓思緒變成關切產業的轉譯者外，還得設想自己也變成產業的一部分，梳理過去的經營模式和拉出文化層，讓長期的商業模式變成文化內涵，再讓這些元素轉質成現代商業的動能或想像。看到打鐵店的三代傳承、相館承接老產業的魅力與內涵，他們經年累月的功力，展現出來的招數，一點都不是花拳繡腿，招招有力又有勁。我們就這樣在街頭巷尾、廟口樹下、產業的末端，接受長輩傳功，再進一步統整發展，吸收產業充滿魅力的豐富養分。

接續這些模式，我們得以窺見「印章寄放在好友家中，當年不可思議信任的社會人際關係」，也可以感受「蔗工與地方長工與產業消費的種種社交互動」、「紡織與時裝的系統狀態」等，將這些過程近一步發展、呈現，是保存地方生活感的重要依據，也可以避免其他空降、無地方生活根基的飄文化落定嫁接。

## 【太平商場的抗爭看見老產業的魅力】

深刻記得，二〇一四年我們開始行動記錄這些老產業，二〇一六年剛好遇到旗山太平商場大溝頂的迫遷，將這些老產業的精神和產業魅力釋出，讓台灣社會看見地方產業的想像。有溫度的職人、深藏不露的老師傅，一條聚集三十三間老屋與十二種老產業的街道，瞬間成為地方翻轉營造的焦點。青年嚮往產業的魅力，在街道上與公權力的怪手搏鬥，這項溫柔而堅定的產業行動，表現出旗山小鎮的獨特魅力。

在行動中，我們發掘到台灣少有的皮箱工藝，將老皮箱產業提報為軟性文化資產，卻怎麼也沒想到，最終遭到官方百般的阻擾。在審查會上，和老師傅聲嘶力竭的傳達自己的產業價值，卻換不到暫停拆遷的宣言。街道被拆、老屋消失並不可怕，但失去傳承火苗，讓小鎮的鏈結無法重新建立，才真正令人擔心。這也是近四年多來，我們為繼承老產業的意志，繼續小鎮專門店的日常所做的努力。

## 【成為地方的記憶傳承者】

訪調老產業的行動，總是不嫌少，我們常在有限的時間下，逐步完成。五年的訪調時間，遇到了產業廊道大溝頂的拆遷運動、長輩過世離去，也親眼看見訪調過的產業付之一炬，更有調查到一半，因燒柴起火遭到空汙檢舉而放棄傳統製作的老店。時代在進步，我們卻不敢怠慢，深怕還沒有累積和發展，產業就消失不見，甚至為了產業的延續，成為其中的一分子，這一步步走來，格外踏實。

每次遇見另一個產業，就好像腦中的泡泡破掉，打開的是全新的獎勵和線索，再次拼湊可以發展的經驗。我們回到熟悉又陌生的家鄉，正如現代與過去的黏著劑。老店的職人常常有自信的說：「我要開店開到我不能再開為止」、「只要有人願意我就教他們。」從台青蕉開門，我們就決定做為地方的記憶傳承者，讓想要承接產業的人，因為看見我們做出的麵包與麵包屑，找到回家安身立命、落地入土的一條路。

## 【我的工作由家鄉來定位是一門創生哲學】

在每個階段，都有重要且該做的事情。二〇〇八年我們從地方出發，喚醒漸漸遠離旗山的香蕉產業，當人們在鄉村產業看到希望，我們又轉身投注在地方公共議題的守護，不斷放大將屬於土地的聲音。公民報導、產業論述、搖滾發聲，一篇又一篇的記錄、一次又一次的發聲、一場又一場的演出，將我們推向地方的書寫與創作行列。

這場從主動大聲唱歌到聚集聲量再放大的過程，是一場地方經營的現代演繹。過去在充滿人才的年代，生活在小鎮的人們總是被故鄉賦予命運和責任，地方仕紳在地方政治與產業上保持著創造與生長的能量，讓小鎮跟上時代的變化。隨著時代的轉變，經過資本主義、政治霸權力

的洗禮，一場地方復興的行動開始了，不只要有拿回地方的信心，還得要拿回鄉村生活的話語權，連接世代的不連續，而這也是台灣各地在創生的人們，正和我們一起營造的過程。

我們做的不僅代表了土地、人與產業，還要注入台灣鄉村的地方魂魄，在實現理想的同時也接受市場與社會的試鍊，讓這片土地來定位自己的生命，將是每個創生地方要走的最重要的過程。從幫忙賣香蕉到自己變成產業的一部分，這個過程就是種下青春的開始，向我們還在土地繼續發酵的青春致敬。各種準備種下青春的產業，台青蕉也將成為屬於這片土地的產業，流轉在下一個世代的傳誦中。

【一日下港人推薦旅遊路線】

## 復古潮流的一天

搭公車至旗山轉運站 → 仁春布莊 → 美瑩時裝 → 天時鐘錶 → 新優美理髮店 → 約翰照相館

用老產業挑戰你對潮流的品味，這趟旅行讓我們一起在小鎮中量身打造自己的復古STYLE。進入老布莊挑一塊喜歡的復古布料，交由時裝老師傅幫你訂製一套自己的裝扮，再進入老鐘錶店選一只復古的手錶，進入老式理髮店弄一個復古的造型，再去老照相館請師傅，用老相機拍出你的小鎮復古DAY。

◉**注意事項**——本行程適合搭乘搭眾運輸的朋友，男女性皆可，時裝店也可訂製男裝，唯獨新優美理髮廳目前只收男性客戶，但另可選擇在旗山的吉爾髮廊或小鄧髮廊做復古髮型。

## 走挑嘴的老加工

早上搭公車至旗山轉運站 → 旗山公有菜市場 → 新化興醬園 → 金坤記麵店 → 福田米粉 → 豐年米店 → 陳家麵線 → 影像交換所

走訪飲食老產業，你可以先從菜市場找到小農的地攤生鮮，然後進入老店挑選佐料、醬菜，接著到各大老加工的空間，挑選你想要的主食與挑嘴食材，到影像交換所廚房空間，一起烹煮在小鎮選購的食材與老加工。

◉**注意事項**——本行程適合搭乘大眾運輸與自行開車或騎車的朋友，除了陳家麵線需開車前往，其他店家皆可以徒步方式抵達，陳家麵線目前在新化興醬園有寄賣，亦可選購。欲前往影像交換所烹煮在地食材的朋友，需要事先聯繫空間，可以提供簡易的廚房空間烹煮。

## ・文字裡的小鎮散策・

鼓山公園 → 心影印房 → 乾元漢藥店 → 旗山天后宮 → 旗山台青蕉香蕉創意工坊

走入百年公園，一探文學家看見的旗山景觀與地方歷史。走訪清朝與日治時代的「同心赴義碑」、「建軍碑」、「招魂碑」、「精忠護國碑」，再前往大溝頂心影印房感受鄉土文學與刻印工藝，接著停駐在旗山詩人後代開的漢藥店，仔細品嘗滋補飲品補充能量，然後走入國家三級古蹟旗山天后宮，細讀「禁絕棍害碑」的小鎮開發史，感受三百年的懷思，最後走入地方樂團台青蕉的據點，聽著文學與音樂的結合吟唱，品嘗旗山的香蕉美味，帶著香蕉伴手禮回家。

◉**注意事項**——本行程適合搭乘大眾運輸的朋友，所有地點皆可徒步前往，中間如有用餐需求，可在旗山天后宮附近老街上覓食。

## ・農具進行曲・

永豐鐵店 → 旗山公有市場手切冰 → 明華農機 → 吉豐鐵店 → 斗笠竹編店

走進農具的時代演變，讓鐵店老師傅跟你說歷史，再來一碗由打鐵刀具製作的手切冰，而後走入竹編的世界，走訪手工斗笠與手工竹編老店，接著一窺老農機店的五臟俱全，再來找一把合手的刀具，聽一段山城老職人的故事，原來時代過路有趣又精彩。

◉**注意事項**——本行程需要自備交通工具，公有市場手切冰只營業到中午，需要體驗的朋友需要注意時間安排。

## ·鐵馬遊庄頭專門店·

腳踏車租借 → 武鹿高空水橋 → 影像交換所 → 紀家醫生館洋牌樓（中洲路） → 東南飲食部（中洲路） → 大洲戲院 → 元復雜貨店 → 旗山尊懷文教基金會

在旗山轉運站旁的旗山尊懷文教基金會租借腳踏車，前往蕉農的心臟地帶溪洲庄頭，一窺高空水橋與武鹿古橋的身影，散步在貫穿溪洲庄頭的中洲路，一路走到底，探訪老宅、醫生館洋牌樓、大洲戲院，在蕉農的聚會場所東南飲食部吃老台菜，再到元復雜貨店來碗香蕉清冰透清涼，最後搭乘客運離開庄頭。

◉**注意事項**——本行程可搭乘大眾運輸前往，也可以自行開車或騎車，溪洲庄頭內小路眾多，但中洲路是庄頭貫穿的道路，只要回到中洲路上，都能通往建議景點，相關溪洲庄頭旅遊資訊也可以到影像交換所索取。

## ·粗飽的打鐵生活·

旗山豬心冬粉＋滷肉飯 → 永豐打鐵店 → 旗山老街 → 金長興飯桌 → 百年鼓山公園

試試小鎮打鐵師傅的一日生活。一早來份粗飽燒熱的中式早餐，然後回到鐵店逛逛農具，走入旗山老街的小鎮風光，接著到老街的尾巴享用傳統飯桌的手藝，再走入林蔭萬千的百年鼓山公園運動納涼，跟著在地的時間，走入小鎮的職人日常。

◉**注意事項**——本行程適合徒步搭乘大眾運輸的朋友，金長興飯桌週日休息，欲前往用餐的朋友請留意營業時間。

## ·農夫STYLE·

菜市場米粉炒 → 安南種子行 → 永豐打鐵店 → 東南飲食部 → 溪洲庄頭 → 陳家老宅 → 大洲戲院

以旗山公有市場的米粉炒開啟一日精神，接著來去農村種子行挑想種的農產種子和種苗，接著找尋好用的農具，中午到蕉農的聚會所東南飲食部，吃農村老台菜，然後走入旗山香蕉的心臟地帶溪洲庄頭，在老屋與蕉園間散步，走訪陳家三落百二門的三伸手大宅院，走入蕉農專屬的戲院，感受這當年繁華又貼近土地的金蕉歲月。

◉**注意事項**——本行程適合搭乘大眾運輸或自行開車前往的朋友，溪洲庄頭若有腳踏車或機車，亦可隨意穿越不同的小徑，穿梭在香蕉園和三合院之間的蕉農場景。

## ·甘蔗工人好過日·

旗山公有市場米苔目＋鹹湯圓 → 吉豐鐵店 → 旗尾糖廠 → 清雅冰店 → 旗山火車站

用旗山公有市場旁的手工米苔與閩式鹹湯圓目填飽肚子，接著走入專門蔗工、竹工的打鐵店，細細挑選各種刀具的神兵利器與藝術品。進入旗山糖廠廠區，老樹參天，尚有工廠遺址和古蹟辦公室，循著蔗香和林蔭，穿過廠區連接旗尾地區的老街道，走入蔗工的社交場所清雅冰果室補充體力，再回到市區走入旗山糖鐵的總站，跟著小鎮專門店一起感受百年糖業歷史和蔗工生活。

◉**注意事項**——本行程適合自行開車前往的朋友，要注意旗山火車站都是固定週三休館。

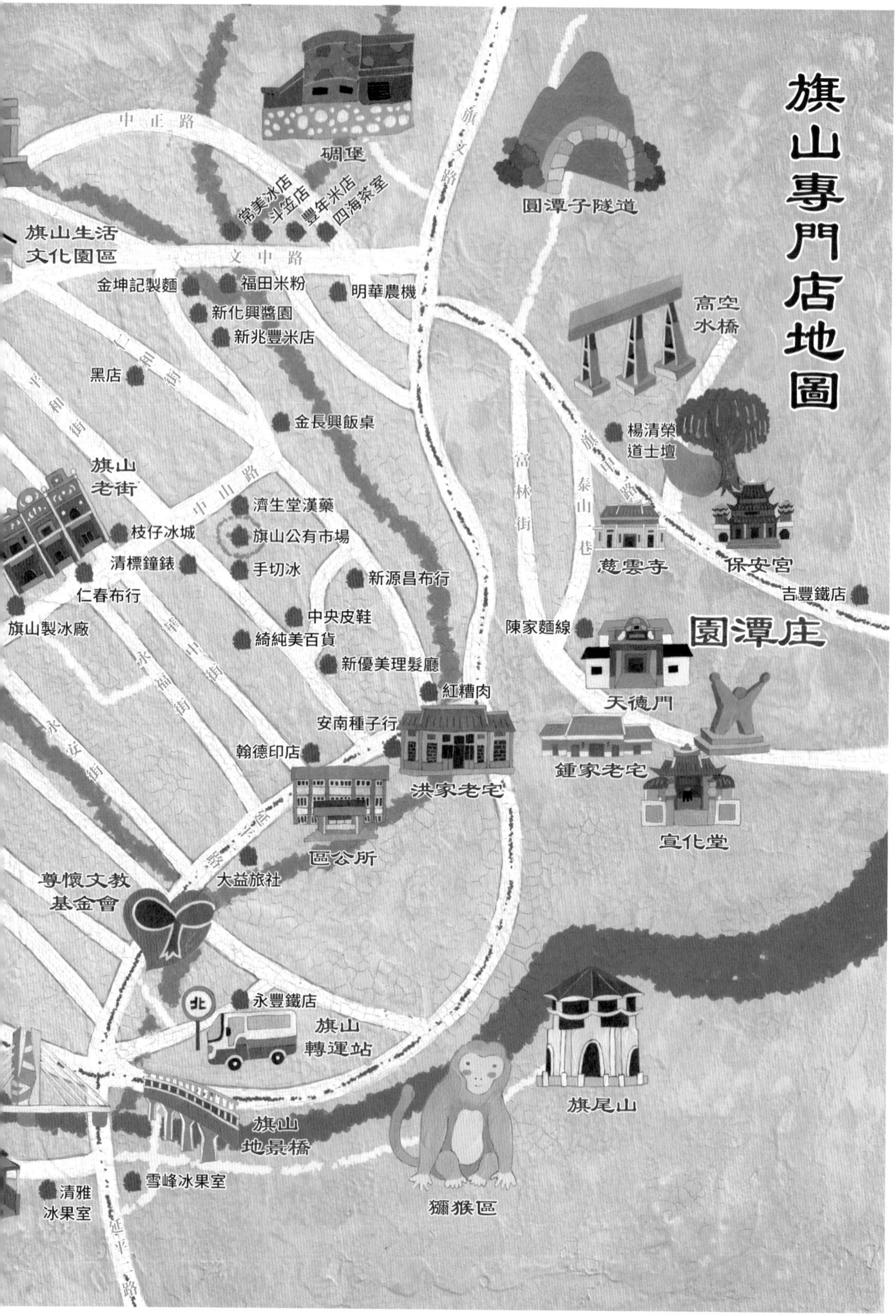
旗山專門店地圖
碉堡
圓潭子隧道
中正路
旗文路
常美冰店
斗笠店
豐年米店
四海茶室
旗山生活文化園區
文中路
金坤記製麵
福田米粉
明華農機
新化興醬園
新兆豐米店
高空水橋
黑店
仁和街
平和街
金長興飯桌
楊清榮道士壇
旗山老街
中山路
旗屯路
富林街
泰山一巷
濟生堂漢藥
旗山公有市場
枝仔冰城
清標鐘錶
手切冰
慈雲寺
保安宮
新源昌布行
仁春布行
吉豐鐵店
中央皮鞋
旗山製冰廠
陳家麵線
園潭庄
綺純美百貨
新優美理髮廳
華中街
永福街
紅糟肉
天德門
安南種子行
永安街
翰德印店
鍾家老宅
洪家老宅
宣化堂
區公所
大益旅社
尊懷文教基金會
永豐鐵店
北
旗山轉運站
旗尾山
旗山地景橋
雪峰冰果室
清雅冰果室
延平一路
獼猴區

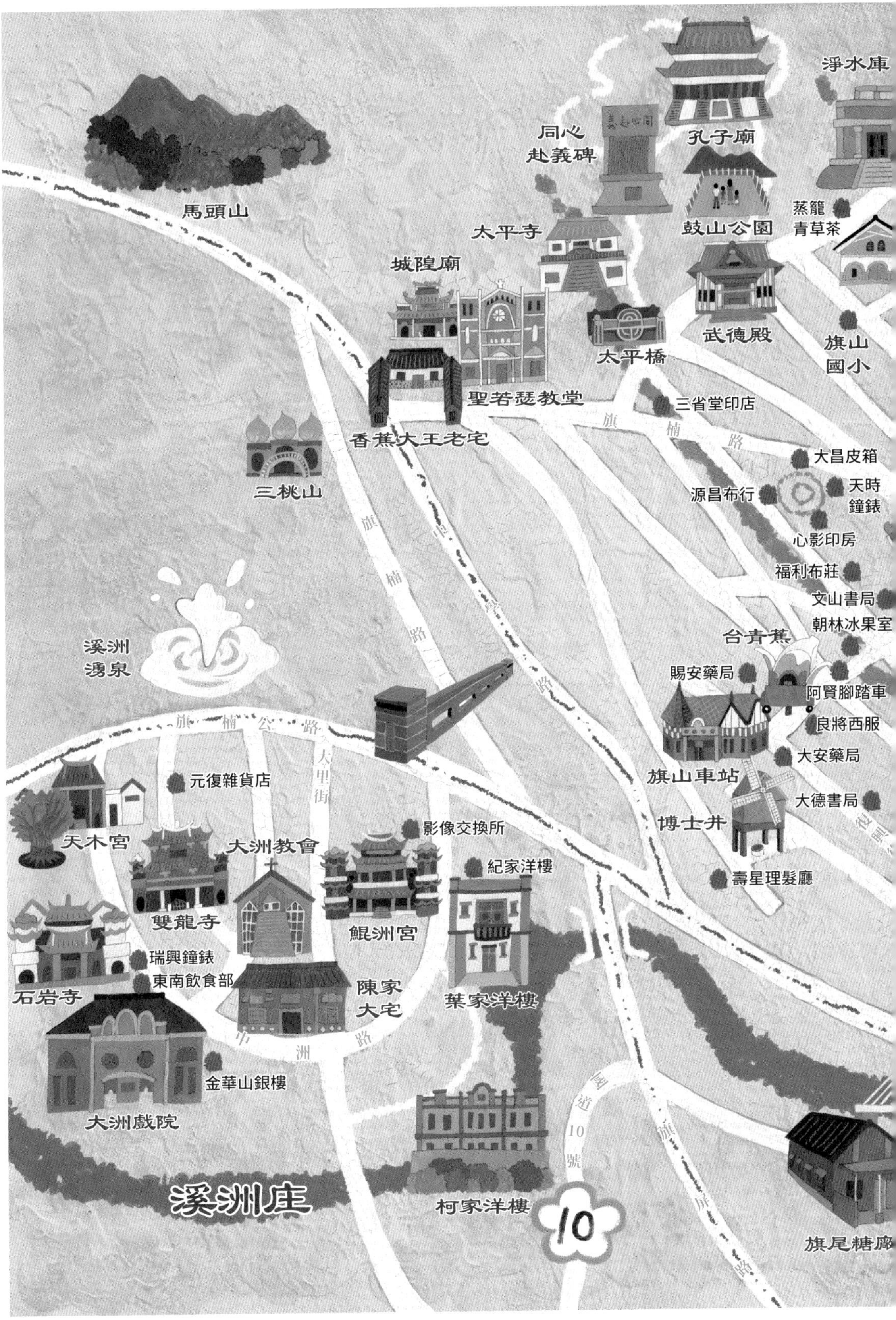

淨水庫
孔子廟
同心赴義碑
馬頭山
太平寺
鼓山公園
蒸籠青草茶
城隍廟
武德殿
旗山國小
太平橋
聖若瑟教堂
三省堂印店
旗楠路
香蕉大王老宅
大昌皮箱
三桃山
源昌布行
天時鐘錶
旗楠路
中學路
心影印房
福利布莊
文山書局
朝林冰果室
台青蕉
溪洲湧泉
賜安藥局
阿賢腳踏車
旗楠公路
良將西服
大安藥局
旗山車站
大里街
元復雜貨店
大德書局
天木宮
博士井
影像交換所
大洲教會
紀家洋樓
壽星理髮廳
雙龍寺
鯤洲宮
瑞興鐘錶
東南飲食部
陳家大宅
葉家洋樓
石岩寺
中洲路
金華山銀樓
大洲戲院
國道10號
旗屏路
溪洲庄
柯家洋樓
10
旗尾糖廍

# 小鎮專門店

## 跟著旗山的 27 道職人風景，來一趟台灣古早味的紙上行旅

作　　者　台青蕉（王繼維、王繼強、尊懷文教基金會）
插　　畫　蔡政諭
攝　　影　王繼維、王繼強、王俊翔、連偉志、呂鎰榮、蕭濬暉
採訪記錄　王繼維、王繼強、郭合沅、尊懷志工們
特別感謝　王朝弘、何金美、何水田、呂秋林、林瑞麟、林泰言、林嵩木、林吉光、林享旻、林晏同、林塹、林吳金蟬、林崇漢、林錦籃、李政雄、李文瑞、吳三貴、吳月鳳、吳英傑、吳英豪、柯全良、洪新改、洪美娟、洪旗南、涂仲宏、黃澤祥、黃邱春嬌、黃茶、朝林冰果室、紀正毅、郭人豪、郭瑞昌、郭新開、張文賢、張牡丹、張順昭、張明堂、張守道、陳文英、陳藝真、陳英蘭、陳富美、陳瑞芳、陳福平、楊曜禎、楊清榮、賴冠霖、劉福田、劉李玉蘭、劉福記、蔡廟玲、蔡喜秀、潘勇志、歐燕達、鄭月壁、鄭育榮、鄭國雄、鄭淵文、嚴禎賢、羅鳳招、盧秀玉、蕭振中、以及在旗山經營老產業的職人們和信義房屋社區一家。

封面設計　敘事
排版構成　高巧怡
行銷統籌　駱漢琦
業務發行　邱紹溢
業務統籌　郭其彬
責任編輯　劉文琪
副總編輯　蔣慧仙
總 編 輯　李亞南

國家圖書館出版品預行編目 (CIP) 資料

小鎮專門店 : 跟著旗山的 27 道職人風景 , 來一趟台灣古早味的紙上行旅 / 台青蕉著 . -- 初版 . -- 臺北市 : 果力文化 , 漫遊者出版 : 大雁文化發行 , 2020.02
面； 公分
ISBN 978-986-97590-3-8( 平裝 )
1. 旅遊 2. 行業 3. 人文地理 4. 高雄市旗山區
733.9/133.9/147.6　　109001697

發 行 人　蘇拾平
出　　版　果力文化／漫遊者文化事業股份有限公司
地　　址　10544 台北市松山區復興北路三三一號四樓
電　　話　(02) 27152022
傳　　真　(02) 27152021
讀者服務信箱　service@azothbooks.com
漫遊者臉書　http://www.facebook.com/azothbooks.read
劃撥帳號　50022001
戶　　名　漫遊者文化事業股份有限公司
發　　行　大雁文化事業股份有限公司
地　　址　台北市 105 松山區復興北路 333 號 11 樓之 4
初版一刷　二〇二〇年二月
I S B N　978-986-97590-3-8
定　　價　台幣四二〇元

# 小鎮專門店「鄉親來坐！」體驗券

【清雅冰果室】招牌冰免費加一球冰淇淋

高雄市旗山區旗屏一路 95 號
請將此券沿線撕下，交給店家兌換，影印無效。
有效期限：2021.03.31

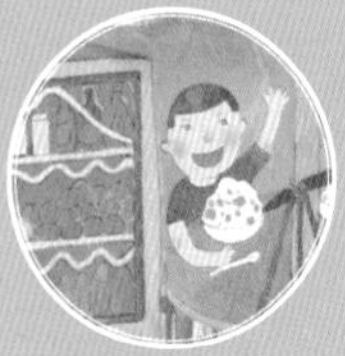

【福田米粉麵】兩袋「乾麵」折 20 元

旗山區文中路 100 號
請將此券沿線撕下，交給店家兌換，影印無效。
有效期限：2021.03.31

【新化興醬園】玻璃罐裝「味香醬油」鄉親價 80 元

高雄市旗山區中山路 200 號
請將此券沿線撕下，交給店家兌換，影印無效。
有效期限：2021.03.31

【乾元漢藥行】體驗漢方飲品「養肝茶」特價 30 元

高雄市旗山區東新街 24 號
請將此券沿線撕下，交給店家兌換，影印無效。
有效期限：2021.03.31

【台青蕉香蕉創意工坊】體驗旗山舊北蕉，香蕉奶昔買一送一

高雄市旗山區中山路 17 號
請將此券沿線撕下，交給店家兌換，影印無效。
有效期限：2021.03.31

【豐年米店】體驗買裝一斗米，折價 20 元

高雄市旗山區文中路 115 號
請將此券沿線撕下，交給店家兌換，影印無效。
有效期限：2021.03.31

【東南飲食部】點老台菜「蛋刺」送白飯一碗

高雄市旗山區中洲路 370 號
請將此券沿線撕下，交給店家兌換，影印無效。
有效期限：2021.03.31